重庆工业可持续增长动力机制研究

黄庆华　刘晗　宋鸽　著

科学出版社
北京

内 容 简 介

本书基于我国工业迫切需要转变增长方式，以新型工业化战略推动工业经济持续增长的经验事实，从重庆市工业经济发展现状入手，对工业可持续增长动力机制进行多层面、多维度的探索和分析，测度现阶段新型工业化发展水平，探索制约工业可持续发展的主要因素，以指导重庆市以信息化带动工业化，提升科技含量、提高经济效益、降低资源消耗、减少环境污染、充分发挥人力资源优势，从学理上丰富和完善工业可持续发展理化体系，为重庆及其他同类城市实施新型工业化战略提供可资借鉴的参考和建议。

本书可供高等院校经济管理专业教师和学生、相关政府部门及事业单位工作者参考使用。

图书在版编目（CIP）数据

重庆工业可持续增长动力机制研究 / 黄庆华等著.
—北京：科学出版社，2015
ISBN 978-7-03-045672-4
Ⅰ.①重… Ⅱ.①黄… Ⅲ.①地方工业经济-经济可持续发展-研究-重庆市 Ⅳ.①F427.719
中国版本图书馆 CIP 数据核字（2015）第 218928 号

责任编辑：杨 岭 冯 铂/责任校对：韩雨舟
责任印制：余少力/封面设计：墨创文化

科学出版社 出版
北京东黄城根北街 16 号
邮政编码：100717
http://www.sciencep.com
成都创新包装印刷厂印刷
科学出版社发行 各地新华书店经销
*
2015 年 8 月第 一 版 开本：787×1092 1/16
2015 年 8 月第一次印刷 印张：11.25
字数：220 000
定价：59.00 元
（如有印装质量问题，我社负责调换）

前　　言

随着中国经济发展迈入新常态阶段，转变经济增长方式，主动适应新常态下的新趋势、新特征和新要求，已成为各地区经济建设的主要着力点。统计数据显示，过去的 2014 年，重庆市地区生产总值实现 14 265.4 亿元，比上年增长 10.9%，经济增速位列全国第一。作为动力引擎，工业生产对重庆经济增长功不可没，工业增加值达到 5 175.8 亿元，较去年增加 12.3%，占全市地区生产总值的 36.3%，其重要性略见一斑。由此观之，加快产业转型升级步伐，继续保持并扩大工业竞争优势，将是重庆在新常态形势下经济工作的重要内容。眼下，正值产业转型升级的黄金时期，一带一路、长江经济带、中国制造 2025、“互联网+”等战略相继提出，为重庆工业发展带来前所未有的机遇。鉴于此，顺应时势，努力实现重庆工业创新驱动发展已势在必行；回溯历程，深入研究可持续增长之动力机制则恰逢其时。

本书研究的目的旨在通过深入分析重庆工业可持续增长动力机制，深化理论认识并形成政策运用，从而为推动重庆工业可持续增长提供可资借鉴的政策建议，也可为经济研究领域的同行提供一些参考。全书主要分为五个部分：第一部分，工业可持续增长的理论阐述。借鉴相关理论，奠定理论基础，进而对工业可持续增长相关概念进行理论阐释。第二部分，重庆工业经济发展现状概览。对重庆等工业经济发展基础进行描述，着重分析重庆市重点产业发展状况。第三部分，重庆工业可持续增长能力综合评价。构建工业可持续增长指标评价体系，实证测度重庆工业可持续增长能力，探寻影响工业可持续增长的主要因素。第四部分，重庆工业可持续增长机理解析。剖析各个因素对工业可持续增长的作用机理，明确因果传递关系，从系统论的视角解析重庆工业可持续增长的内在规律。

第五部分，推动重庆工业可持续增长的制度设计。制定相应制度，依靠制度约速和内在规律两者间的共同作用构建工业可持续增长的动力机制。

本书是在重庆市重大决策咨询研究课题“重庆工业可持续增长动力机制研究（项目编号 2013-ZB-09）”成果报告的基础上整理编撰的，同时还收录了作者近年在工业经济领域的一些相关研究成果。本书的出版首先要感谢重庆市政府发展研究中心、重庆市社科院各位领导的支持，正是通过课题项目的研究，使我们研究团队能够深度分析重庆市工业经济问题，最终形成这本严谨的学术著作。重庆市社科院陈澍院长、张波副院长、李敬处长、孟小军处长为课题研究提出了许多有益的指导意见，刘晓敬和罗舒等同志提供了大量的帮助。其次要感谢西南大学经济管理学院的领导和同事，本书的出版离不开学院领导和同事的鼓励和支持，温涛、王志章等教授为本书的撰写给予了很多建设性的意见。再次要感谢参与课题项目研究的团队成员，感谢周志波博士、杨太艳硕士、李杰硕士为本书所做的资料搜集和数据整理工作，也感谢我的硕士研究生周宁和梁东为书稿进行校对。最后，特别感谢科学出版社的冯铂主任、韩雨舟编辑对本书的大力支持，正是你们认真细致的工作才使得这本书能够顺利出版。

由于时间较为仓促，作者的研究水平有限，加之研究固有的局限性，书中难免存在一些纰漏，在此，请广大读者朋友批评指正！

黄庆华

2015 年 8 月 21 日

目　　录

第1章 导 论

1.1 研究背景与问题界定

早在1972年，世界环境与发展委员会就认识到了人类与生态环境和谐共处的重要性，提出了可持续发展的概念。1987年4月27日，世界环境与发展委员会在一份题为《我们共同的未来》的报告中，提出了“可持续发展”的战略思想，并把“可持续发展”定义为“既满足当代人的需要，又不对后代人满足其需要的能力构成危害的发展”。1992年6月3日～14日，联合国环境与发展大会通过了《里约热内卢环境与发展宣言》，大会提出的可持续发展原则总结如下：①可持续性原则。可持续性原则的核心思想是人类应协调人口、资源、环境和发展之间的相互关系，在不损害他人和后代利益的前提下追求发展。并保证世界上所有的国家、地区、个人拥有平等的发展机会，保证我们的子孙后代同样拥有发展的条件和机会。②公平性原则。公平性原则是指机会选择的平等性，可持续发展所追求的公平性包括两层意思：一是当代人的公平，二是代际间的公平。人们不能只从自己这一代出发来考虑人口、资源和环境问题，还要考虑长远的后代的人口、资源和环境问题。③共同性原则。共同性原则有两方面的含义：一是发展目标的共同性，这个目标就是保持地球生态系统的安全，并以最合理的利用方式为整个人类谋福利；二是行动的共同性，即环境保护和可持续发展是一个全球的行动，是60亿人的共同使命。④发展原则。人类的需求系统分为三个子系统，即基本需求子系统、环境需求子系统和发展需求子系统。按照人类三种需求全面衡量，不论对发达国家还是发展中国家，发展原则都非常重要，只有大力发展生产力才能解决人类需求的一系列问题。⑤质量原则。可持续发展的质量原则强调经济发展的质，而不是经济发展的量。要求充分考虑经济增长中环境质量及整个人类物质和精神生活质量的提高。⑥时序性原则。时序性原则强调的是可持续发展的阶段性。要求发达国家在可持续发展中应负起更多的责任，发展中国家应当把消除贫困作为最优先的领域，同时重视区域发展的均衡性与公平性，逐步增强可持续发展的能力。随着时代的变迁，可持续发展的概念也从生态环境、资源利用扩展到历史文化、社会制度等诸多方面。

在各种理论探讨不断深入的同时，更为迫切的实践工作也在逐步展开。近年来，发达国家不少有识之士已经认识到工业化引发的危机，必然要从工业本身入手，来实现发展的可持续性。对现有的工业体系必须从整体上重新规划，对其进行一场革命性的调整和再造。工业时代初期，为了国家工业化的实现，各国都致力于将资源集中到工业的发展当中，想尽各种办法增加资本投入，利用资源来为工业经济增长作贡献。由于初期资源不存在紧缺，这种主要表现为由大量要素投入驱动的“粗放型”增长，确实使工业经济实现了长期高速增长。但是工业规模扩大到一定程度之后，我们发现这些看似充裕的资源事实上已经满足不了工业长远发展的要求，资源的有限性表现得越来越明显，人类对环境资源的有限承受力开始有所认识。随着工业的发展，环境破坏越来越严重，资源越来越缺乏，人们不再认为环境对人类行为的承载力是无限的，而是有限的，有限的资源就必须有效配置。转变经济发展方式，走可持续的工业化道路正成为工业发展的新路径。

改革开放以来，我国积极利用土地、自然资源和劳动力等方面的比较优势，并寻求与国外资本、技术、标准、跨国经营网络等优势资源的结合，在国内工业化优先发展战略的支持下迅速融入全球垂直专业化分工体系，实现了工业经济的快速增长，工业总产值年均增长达 11.2%，工业资本存量年均增长 9.2%。但是，工业能耗和二氧化碳（CO_2）排放年均增长也分别达到 6% 和 6.3%，占全国 40.1% 的工业 GDP 的取得却消耗了全国 67.9% 的能源，排放出全国二氧化碳的 83.1%。随着国内生产成本不断上升，资源环境压力不断增大，长期高投资高消耗的“粗放型”工业发展模式显得难以为继。特别是在 2008 年爆发全球金融危机以后，欧美国家的“再工业化”战略使其高端制造业逐渐向本土转移，而东南亚新兴经济体国家凭借资源要素成本优势不断吸引传统制造业向外转移，对我国工业发展造成“双重挤压”。工业发展正面临前所未有的困境，迫切需要进行战略性的转变。为此，“十六大”报告首次提出以新型工业化推动工业可持续增长。“十七大”报告进一步指出要坚持走新型工业化道路，着力优化产业结构。在“十二五”规划纲要及最近几年的政府工作报告中都对新型工业化提出新的要求，强调要推进自主创新，调整和优化产业结构，大力培育战略性新兴产业，加快转变经济发展方式，构建现代产业体系。“十八大”报告更加明确了坚持走中国特色新型工业化道路，推动信息化和工业化深度融合，实现工业可持续增长。这一系列重要的政策措施为我国工业今后的发展指明了方向，新型工业化道路成为工业发展战略性转型的基本导向，目的就是要实现工业可持续增长。

重庆是我国中西部地区唯一的直辖市，也是我国西部的工业重镇，肩负着带动西部地区经济发展的重任。直辖近 20 年来，经济实力显著增强，特别是在实施新型工业化战略以来，工业发展不断提速，近几年来增速位居全国第一。2011年，重庆市工业生产总值为4690.46亿元，占地方生产总值的46.9%，对地方生产总值的贡献率达到63.3%，已处于工业化中期阶段。但也应当注意到，重庆市工业增加值仅排在全国22位，工业规模还不大，实力还不强，科技水平还有待进一步提升。2012年8月，重庆市委、市政府联合下发的《中共重庆市委 重庆市人民政府关于推进新型工业化的若干意见》对当前重庆市工业现状和面临的形势进行了科学的研判，明确了今后的重点任务，制定了未来的战略规划，势必掀起新一轮的新型工业化浪潮。为此，回顾过去几年来重庆市工业发展所取得的成绩，总结经验教训，对于促进重庆工业经济可持续增长无疑具有重要意义。本书着重解答以下几个问题：重庆市工业可持续增长能力如何？受到哪些因素的影响？这些因素影响工业可持续增长的作用机理如何？怎样才能实现重庆市工业经济可持续增长？

1.2 研究目的和主要内容

本书基于我国工业迫切需要转变增长方式，以新型工业化战略推动工业经济持续增长的经验事实，从重庆市工业经济发展现状入手，综合评价工业可持续增长能力，剖析工业可持续增长影响因素，探讨其对工业可持续增长的作用机理，进而提出相应制度设计，旨在通过深入分析重庆市工业可持续增长动力机制，深化理论认识并形成政策运用，从而为推动重庆市工业可持续增长提供可资借鉴的政策建议。

本书研究的根本目的是揭示重庆市工业经济增长的内在规律，从而有针对性地提出制度框架设计，为政府部门提供决策建议和参考，以期实现重庆工业可持续增长。为达到研究目的，研究内容设计如下：

第一，工业可持续增长的理论阐述。主要任务是借鉴经济增长理论、产业结构理论、制度变迁理论、可持续发展理论等相关基础理论，为研究奠定理论基础，进而对工业可持续增长的概念内涵、基本内容、阶段性特征和影响因素等相关概念进行理论阐释。

第二，重庆市工业经济发展现状评析。主要任务是对重庆市工业区域布局、工业发展条件、工业发展态势等工业经济发展基础进行描述，从工业经济增长趋势、工业经济结构变动、工业经济效益等方面分析重庆工业经济发展趋势及特征，并着重分析重庆市重点产业发展状况。

第三，重庆市工业可持续增长能力综合评价。主要任务是构建工业可持续增长指标评价体系，利用层次分析法和灰色关联分析法对重庆市工业可持续增长能力进行实证测度，分析重庆工业可持续增长能力的变化趋势和特征，并找出影响工业可持续增长的主要影响因素。

第四，重庆市工业可持续增长机理解析。主要任务是运用系统学理论对影响重庆市工业可持续增长的主要因素间的关系进行梳理，探寻各个因素对工业可持续增长的作用机理，明确影响因素与工业可持续增长间的因果传递关系，从系统论的视角解析重庆工业可持续增长的内在机理。

第五，推动重庆市工业可持续增长的制度设计。主要任务是基于对重庆市工业可持续增长机理的解析，根据各个影响因素对工业可持续增长的作用机理，有针对性地制定相应制度，依靠制度约束和内在规律两者间的共同作用构建工业可持续增长的动力机制，推动重庆市工业可持续增长。

1.3 技术路线及研究方法

本书技术路线如图 1-1 所示，基于新型工业化战略背景，提出重庆市工业可持续发展的主要任务，借助相关理论研究的成果，从定性和定量两个方面入手，评价重庆市工业可持续发展能力以及工业可持续增长的影响因素，构建系统动力模型，通过系统传导机制分析，对各个因素影响工业可持续增长的作用机理进行分析，解析重庆工业可持续增长的内在规律，从而有针对性地进行制度设计，找出实现重庆市工业可持续增长的动力机制，最终实现研究成果的应用与转化，为重庆工业可持续增长提供决策依据和政策建议。

主要运用以下研究方法：

第一，定性分析与定量分析相结合的研究方法。定性分析主要是从重庆市工业区域布局、发展条件和发展态势等无法量化的方面对重庆市工业经济发展现状进行刻画，力求全面展示重庆工业发展状况；定量分析则是从工业经济产值、工业经济效益和工业经济结构等可量化的方面对重庆市工业经济发展趋势及特征进行描述，精确描绘重庆工业经济发展现状。

第二，规范分析与实证分析相结合的研究方法。规范分析主要是运用层次分析法构建工业可持续增长指标评价体系，选取适宜指标反映工业可持续增长能力，并对各个具体指标进行权重设计；实证分析主要是利用灰色关联分析法对重庆市工业可持续增长能力进行综合测度，对工业可持续增长能力的大小进行量化。

第三，统计分析与比较分析相结合的研究方法。统计分析主要是根据对重庆市工业可持续增长能力的评价的结果，分析重庆市工业可持续增长能力的总体特征；比较分析主要是通过对比不同年份重庆工业可持续增长能力的大小，分析工业可持续增长能力的变化趋势。

第四，系统分析方法。系统分析主要是基于工业可持续增长构建系统理论框架，全面刻画系统内部各个因素对工业可持续增长的影响，找出各因素间相互作用关系，深入分析各个因素对工业可持续增长的作用机理，进而明确重庆工业可持续增长的动力机制。

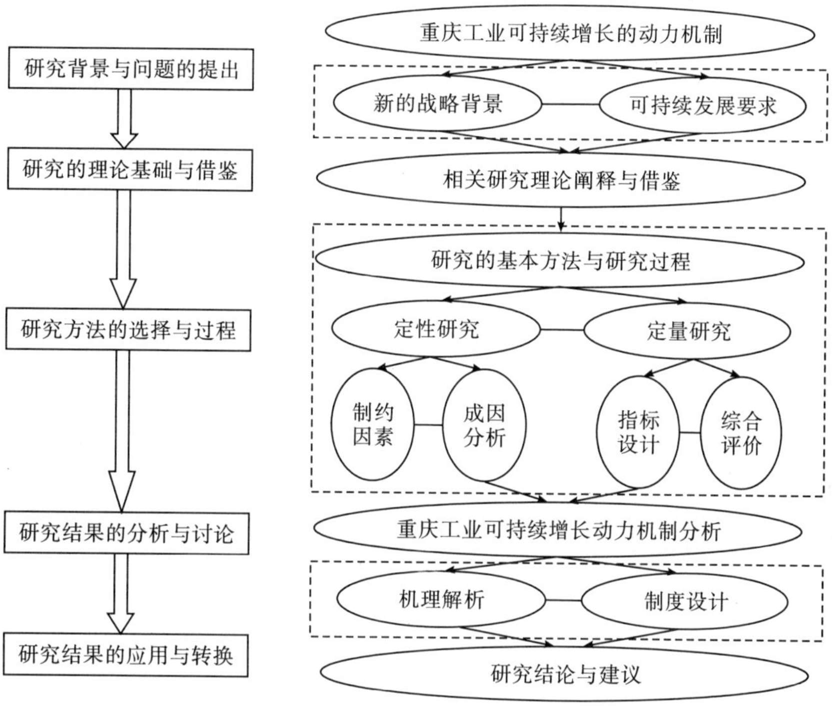

图 1-1　技术路线图

第2章　工业可持续增长的理论阐述

2.1　理论借鉴

2.1.1　经济增长理论

经济增长理论主要研究推动一国(或地区)经济增长的因素是什么，以及它们如何推动经济增长。经济增长理论从分析总量生产函数入手，通过研究一个国家资本存量、劳动力数量等投入增量与国民生产总值增长之间的关系，来解释一国经济增长的原因。把经济增长作为一个中心问题来进行理论研究，始于20世纪30年代。自此以后，经济增长理论蓬勃发展，为各国政府的经济决策提供了坚实的理论支撑。

从经济增长理论的发展历程来看，对理论界和实务界具有重要影响的主要有：哈罗德-多马经济增长理论、新古典经济增长理论、新经济增长理论。

1. 哈罗德-多马经济增长理论

哈罗德-多马模型即“哈罗德-多马经济增长模型”（Harrod-Domar model），是发展经济学中著名的经济增长模型，建立在凯恩斯理论之上，出现于1929～1931年的经济大萧条之后不久，但不是经济增长理论的“正统”理论，因为该模型的结论是“经济增长是不稳定的”。

哈罗德-多马模型有6个假设：①储蓄能够有效地转化为投资；②该国对外国的资本转移(发展援助)具有足够的吸收能力；③资本-产出比率不变；④社会只生产一种产品，这种产品既可以是消费品，也可以是投资品；⑤社会生产过程中只使用劳动力和资本两种生产要素，且两种要素之间不能相互替代；⑥技术状态既定，不存在技术进步且不考虑资本折旧。

哈罗德在上述假设条件下将经济增长抽象为三个宏观经济变量之间的函数关系，第一个变量是经济增长率，用G表示；第二个变量是储蓄率，用s表示；第三个变量为资本-产出比率，用v表示。数学表达式为：$G=s/v$。从式中可以看出：一国的经济增长率与该国的储蓄率成正比，与该国的资本-产出比率成反比。另外，哈罗德将经济增长率分为实际增长率、均衡增长率和自然增长率。实际增长率就是社会实际达到的经济增长率。值得注意的是，在一般情况下，实际增长率不能用哈罗德-多马模型的基本公式来计算，这是因为实际经济状况并不满足哈罗德的前提假设。比如储蓄不等于投资或总需求与总供给不一定相等。均衡增长率就是哈罗德提出的有保证的增长率。它所对应的是投资者满意的储蓄率和投资者满意的资本-产出比率，因此，在实现均衡增长率的情况下，由于实现了充分就业的有效需求水平，且形成的生产能力得到充分利用，所以，就各年情况而言，产量或收入达到最大值时，社会上既无失业又无通货膨胀。自然增长率 n 是在人口和技术都不发生变动的情况下，社会所允许达到的最大增长率。

哈罗德认为，当实际增长率和均衡增长率发生偏差时，会导致经济短期波动；而当均衡增长率和自然增长率发生偏差时，则会导致经济长期波动，而且一旦偏差发生，就有自我加强的趋势。因此要实现实际增长率等于均衡增长率并等于自然增长率的长期均衡增长几乎是不可能的，常被形象地称为“刀刃式”的经济增长。

哈罗德-多马经济增长理论虽然存在很多缺陷，但其结论对于促进工业可持续发展从而促进增长具有重要的启示：①促进工业的可持续发展，在一定时期内应当鼓励储蓄，通过利用储蓄增加投资来促进产能的扩大。就目前而言，中国的储蓄率相对较高，而储蓄率不可能无限制地提高，因而，通过提高储蓄率增加工业投资进而促进工业可持续增长，只能在一定的阶段内实施。在长期内，工业的可持续性增长还要靠诸如技术进步等力量提高生产力来实现。②促进工业的可持续发展，需要通过各种渠道获得尽可能多的发展援助，发展援助通过技术转移降低资本系数(k)，即提高资本生产率($1/k$)来促进经济增长。就发展中国家而言，要努力争取发达国家的发展援助，通过各种优惠政策吸引外资流入。就中国西部地区尤其是重庆而言，在今后相当长一段时期内，应当通过各种政策鼓励居民储蓄并积极引导居民储蓄转化为投资。同时向中央政府争取更多的转移支付进行投资，并通过土地、财政、税收等方面的优惠政策吸引更多的外资投入。

2. 新古典经济增长理论

索洛经济增长模型(Solow growth model)是索洛(Solow R)所提出的发展经济学中著名的模型，又称作新古典经济增长模型、外生经济增长模型，是在新古典经济学框架内的经济增长模型。索洛在构建经济增长模型时，既汲取了哈罗德-多马经济增长模型的优点，又摒弃了后者的那些令人疑惑的假设条件。

索洛认为，哈罗德-多马模型只不过是一种长期经济体系中的“刀刃平衡”，其中，储蓄率、资本-产出比率和劳动力增长率是主要参数。这些参数值若稍有偏离，其结果不是增加失业，就是导致长期通货膨胀。用哈罗德的话来说，这种“刀刃平衡”是以保证增长率(用 G_w 表示，它取决于家庭和企业的储蓄与投资的习惯)和自然增长率(用 G_n 表示，在技术不变的情况下，它取决于劳动力的增加)的相等来支撑的。

索洛指出，G_w 和 G_n 之间的这种脆弱的平衡，关键在于哈罗德-多马模型的劳动力不能取代资本，生产中的劳动力与资本比例是固定的假设。倘若放弃这种假设，G_w 和 G_n 之间的“刀刃平衡”也就随之消失。基于这一思路，索洛建立了一种没有固定生产比例假设的长期增长模型。

索洛模型的假设条件包括：①只生产一种产品，此产品既可用于消费也可用于投资；②产出是一种资本折旧后的净产出，即该模型考虑资本折旧；③规模报酬不变，即生产函数是一阶齐次关系式；④两种生产要素(劳动力和资本)按其边际实物生产力付酬；⑤价格和工资是可变的；⑥劳动力永远是充分就业的；⑦劳动力与资本可相互替代；⑧存在技术进步。在这些条件下，索洛建立的模型显示出：在技术系数可变的情况下，人均资本量具有随时间推移而向均衡状态的人均资本量自行调整的倾向，即当人均资本量大于其均衡状态时，人均资本量会有逐渐减小的趋势，即资本的增加就会比劳动力的增加慢得多；反之亦然。

索洛模型的主要结论有：①无论从任何一点出发，经济向平衡增长路径收敛，在平衡增长路径上，每个变量的增长率都是常数。②在其他外生变量相似的条件下，人均资本低的经济有更快的人均资本的提高，人均收入低的经济有更高的增长率。③人均产出(Y/L)的增长来源于人均资本存量和技术进步，但只有技术进步才能够导致人均产出的永久性增长。④通过调节储蓄率可以实现人均最优消费和最优资本存量的“黄金律”增长。⑤储蓄率的变化只会暂时性地影响增长率，而不会永久性地影响；储蓄率的显著变化对平衡增长路径上的产出变化只有较小的影响，且作用缓慢。但是，索洛模型也有缺陷：①未能够解释长期经济增长的真正来源。把技术进步(劳动的有效性)看成外生给定的，而这恰恰是长期经济增长的关键。因此，索洛模型是通过“假定的增长”来解释增长的。②理论预测与实际数据不符。如果资本取得的市场收益大致体现了其对产出的贡献，那么实物资本积累的变化既不能很好地解释世界经济增长，也不能说明国家间的收入差距。

索洛的新古典经济增长理论虽然并非尽善尽美，但对于经济增长、工业可持续增长还是具有重要的政策含义。根据索洛模型的结论，经济增长源于要素的积累和技术的进步，而要素的积累尤其是资本的积累主要是在短期内发挥经济增长的作用，过高的资本积累反而影响经济增长；技术进步主要是在长期内发挥作用，促进人均产出持续增加和工业可持续增长。新古典经济增长理论对于工业的可持续增长至少有以下两点启示：①在一定程度上说，技术进步、劳动力质量的提高比增加资本对工业可持续增长的作用更大。正如索洛本人所指出的那样，除了纯粹的农业国以外，这一理论对所有国家都适用。“发展中国家不能把本国经济的发展仅仅依赖于资本和劳动力的增长上。发展中国家，特别是起步较晚国家，要更多地研究如何在现有工业的基础上逐步提高劳动生产率、技术和教育进程。这样就能有效地跟上世界经济的发展”。②工业的可持续增长必须着眼于提高产业科技创新能力，增加工业产品科技含量。而科技创新能力的提高则有赖于政府加大对教育、科研的投入，并通过税收政策刺激鼓励科技创新。

3. 新经济增长理论

20 世纪 80 年代中期以来，随着罗默(Romen P)和卢卡斯(Lucas R)为代表的“新增长理论”的出现，经济增长理论在经过 20 余年的沉寂之后再次焕发生机。新经济增长理论的重要内容之一是把新古典增长模型中的“劳动力”的定义扩大为人力资本投资，即人力不仅包括绝对的劳动力数量和该国所处的平均技术水平，而且还包括劳动力的教育水平、生产技能训练和相互协作能力的培养等，这些统称为“人力资本”。1990 年，罗默在理论上第一次提出了技术进步内生增长模型，把经济增长建立在内生技术进步上。技术进步内生增长模型的基础是：①技术进步是经济增长的核心；②大部分技术进步是出于市场激励而导致的有意识行为的结果；③知识商品可反复使用，无需追加成本，成本只是生产开发本身的成本。

对此有影响的模型有阿罗(Arrow K J)提出的边干边学模型以及罗默提出的收益递增增长模型。在阿罗的模型中，只是将技术进步的一部分内生化了。在该模型中，产出不仅仅是有形要素的投入，而且也是学习和经验积累的结果。体现为：资本的贡献要大于传统的贡献，因为增加的资本不仅通过其对生产的直接贡献来提高产量，而且通过其间接推动新思想的发展来提高产量。但在这一模型中技术仍然是外生的，它随着内生的资本存量的变化而变化。在罗默等提出的新经济增长理论中，充分重视了知识的作用，将技术进步完全内生化。他们认为，增长的原动力是知识积累，资本的积累不是增长的关键。有代表性的是研究与开发模型。另外还有人将资本这一概念的外延扩大，认为资本不仅包含物质资本，而且也包含人力资本，因而资本仍然是增长问题的关键。但这两者在本质上都是一样的，都强调知识的积累，技术的进步对于经济的增长具有决定性的作用，都认为知识或者知识的载体——人力资本具有规模报酬递增的性质，而且存在着投资

(即资本的积累)刺激知识的积累，反过来知识的积累又促进投资的良性循环。这种以知识为基础的新的经济增长理论鼓励新知识的积累以及知识在经济中的广泛运用，促进了高新技术革命的发展和知识经济时代的到来。在这一过程中资本对于经济增长的关键性作用已让位于知识和技术进步。

新经济增长理论对于经济增长尤其是工业的可持续增长具有重要的政策含义：①新增长理论将知识和专业化的人力资本引入增长模式，认为知识和专业化的人力资本积累可以产生递增收益并使其他投入要素的收益增加，进而总的规模收益递增。这说明人力资源的积累是工业可持续增长的源泉和动力。要实现工业的可持续增长，政府必须加大教育投入，将劳动力转化为人力资源，将智力转化为科技创新能力和管理能力，建立技术进步内生机制。②新增长理论对新古典增长理论的一个重要修正是，放弃了技术外生化的假定，突出技术的内生性，强调大部分技术或知识经济主体源于利润最大化的有意识投资的产物。这说明完善的市场竞争机制对于工业的可持续增长是十分必要的。政府应当保证公平竞争，完善市场经济体制，发挥市场机制在资源配置中的基础作用，通过营造公平的市场经济环境促进经济主体做出正确的经济决策，从而促进整个工业的可持续增长。③新增长理论指出了边干边学以及知识外溢在经济发展中的重要作用，在经济发展过程中，厂商可以从自己的投资活动中学会很多东西，其知识存量是投资量的函数。④新增长理论强调发展中国家在经济发展过程中对外开放的重要性，新增长理论认为，国与国之间发展对外贸易不仅可以增加对外贸易的总量，而且可以加速世界先进知识、技术和人力资本在世界范围内的传递，使参与贸易各国的知识技术和人力资本水平得到迅速提高，获取边干边学和知识外溢效应。因此，工业的可持续增长还要依靠开放的经济环境，需要政府不断扩大开放，需要企业不断拓展国外市场。

2.1.2 产业结构理论

所谓产业结构即指在社会再生产过程中，一个国家或地区的产业组成即资源在产业间的配置状态，产业发展水平即各产业所占比重，以及产业间的技术经济联系即产业间相互依存相互作用的方式。产业结构与经济增长有着非常密切的关系。产业结构的演变会促进经济总量的增长，经济总量的增长也会促进产业结构的加速演进，这已被许多国家的经济发展实践所证明。因此，要研究工业持续增长问题，必须关注产业结构问题，关注产业结构理论。

1. 产业结构理论发展脉络

产业结构理论的思想渊源可以追溯到 17 世纪。配第(Petty W)在 17 世纪第一次发现世界各国国民收入水平的差异和经济发展呈现不同阶段的关键原因是产业结构的不同。他于 1672 年出版的《政治算术》就通过考察得出结论：工业比农业收入多，商业又比工业的收入多，即工业比农业、商业比工业附加值高。产业结构理论在 20 世纪 50 ～60 年代得到了较快的发展。此时期对产业结构理论研究作出突出贡献的代表人物包括里昂惕夫(Leontief)、库兹涅茨(Kuznets)、刘易斯(Lewis)、赫希曼(Hirschman)、罗斯托(Rostow)、钱纳里(Chenery)、霍夫曼(Hoffman)、希金斯(Higgins)、丁伯根(Tinbergen)及一批日本学者等。

里昂惕夫、库兹涅茨、霍夫曼和丁伯根沿着主流经济学经济增长理论的研究思路，分析了经济增长中的产业结构问题。里昂惕夫对产业结构进行了更加深入的研究。他于 1953 年和 1966 年分别出版了《美国经济结构研究》和《投入产出经济学》，建立了投入产出分析体系，他利用这一分析经济体系的结构与各部门在生产中的关系，分析国内各地区间的经济关系以及各种经济政策所产生的影响，在《现代经济增长》和《各国经济增长》中，他深入研究了经济增长与产业结构关系问题。丁伯根关于制定经济的理论包含有丰富的产业结构理论。他认为，经济结构就是要有意识地运用一些手段以达到某种目的，其中就包含了调整结构的手段。他把经济政策区分为数量政策、性质政策和改革三种。其中，性质政策就是改变结构(投入产出表)中的一些元素，改革就是改变基础中的一些元素。在他的发展计划理论中所采用的大型联立方程式体系，就是凯恩斯、哈罗德、多马以及里昂惕夫等多种模型的混合物。另外他所采用的部分投入产出法，是一种产业关联方法，该方法直接从投资计划项目开始，把微观计划简单地加总成为宏观计划。

刘易斯、赫希曼、罗斯托、钱纳里和希金斯的产业结构理论则是发展经济学研究的进一步延伸。其研究存在两种思路：①二元结构分析思路。刘易斯于 1954 年发表的《劳动无限供给条件下的经济发展》一文，提出了用以解释发展中国家经济问题的理论模型即刘易斯理论(二元经济结构模型)。拉尼斯(Ranis G)与费景汉(Fei J C H)把二元经济结构的演变分为三个阶段，认为二元经济结构不仅仅与收入分配变化有关，与相对规模的储蓄、教育、劳动力市场等因素之间也存在直接的联系。希金斯分析了二元素结构中，先进部门和原有部门的生产函数的差异。原有部门的生产函数属于可替代型的，而先进部门存在固定投入系数型的生产函数，此部门采取的是资本密集型的技术。②不平衡发展战略分析思路。赫希曼在 1958 年出版的《经济发展战略》提出了一个不平衡增长模型，突出了早期发展经济学家限于直接生产部门和基础设施部门发展次序的狭义讨论。其中关联效应理论和最有效次序理论，已经成为发展经济学中的重要分析工具。罗斯托提出了著名的主导产业扩散效应理论和经济成长阶段理论。他认为，产业结构的变化对经济增长具有重大的影响；在经济发展中重视发挥主导产业的扩散效应。钱纳里对产业结构理论的发展贡献颇多。他认为，经济发展中资本与劳动的替代弹性是不变的，从而发展了柯布-道格拉斯的生产函数学说，指出在经济发展中产业结构会发生变化，对外贸易中初级产品出口将会减少，逐步实现进口替代和出口替代。

2. 经济增长的结构主义观点

关于经济增长的另一种更为广泛的观点——结构主义观点认为，经济增长是生产结构转变的一个方面，生产结构的变化应适应需求结构变化；资本和劳动从生产率较低的部门向生产率较高的部门转移能够加速经济增长。

传统增长理论与结构主义对结构因素的观点有如此大的区别，其原因是它们各自理论分析的假设前提有很大差别。传统增长理论的假设前提是均衡竞争，即经济制度有足够的灵活性以维持均衡价格，从而无论从生产者的观点还是消费者的观点来看，资源都存在着长期的有效配置，即达到了帕累托最优(资源配置最优)的状态。这就意味着各个部门的要素收益率等于要素的边际生产率。这样，在任何既定的时间点上，部门之间资本和劳动的转移都不可能增加总产出，资源的重新配置仅仅发生在经济扩张时期。结构主义观点没有资源配置最优的前提假设，而认为资本和劳动在不同部门的使用，其收益可能出现系统的差别。结构主义属于“次优论”的范畴。由于种种原因，帕累托最优状态是无法获得的，结构主义的观点是放弃追求最优的企图，转而追求次优。

产业结构理论与经济增长理论不同，其结论和政策建议也有所不同。但产业结构理论让我们从一个有别于经济增长的角度来审视工业的可持续增长问题。总体而言，产业结构理论至少为我们提出了以下的政策启示：①我国工业的可持续发展，要紧密结合“城乡二元经济转型”进程，充分发挥农村转移的剩余劳动力的作用。目前，我国农村尚有数亿农民，随着城镇化和工业化进程的推进，这些农民将有很大一部分转入城市，逐步成为产业工人。大量农村剩余劳动力向城市转移，将成为工业可持续增长的强劲动力。但是，在农村剩余劳动力向产业工人转化的过程中必须处理好两个问题。一是要逐步建立健全农村劳动力“城镇化”以后的社会保障制度，使其充分享有政府提供的公共服务，为工业的可持续发展提供稳定可靠的劳动力资源。二是要通过加强职业技能培训和教育，不断提高农村转移剩余劳动力的整体素质和技能水平，提高工业生产的效率。②政府要努力营造公平竞争的市场环境，完善社会主义市场经济体制，促进生产要素的自由流动。产业结构理论认为，经济中的资源配置远远没有达到“帕累托最优”状态，部门之间、产业之间、企业之间都存在着资源的错误配置；必须通过要素从生产效率较低的产业向生产要素较高的产业转移，才能促进整个工业生产效率的提高，推进工业的可持续发展。因此，政府要不断扫除体制机制方面的障碍，创造条件让要素自由流动，并通过要素的重新配置“倒逼”工业结构的升级转型，从而实现工业可持续增长。③政府要积极引导整个经济结构的调整，使农业、工业和第三产业保持一个合理的比例，轻工业、重工业保持一个适当的平衡，投资和消费保持一个合理的规模，国内贸易和国际贸易保持一个基本平衡的结构。一是要努力提高规模以上工业企业的比重，充分发挥其规模经济效应；二是要逐步提高消费与投资的相对比例，通过不断扩大内需来拉动工业增长；三是要不断扩大对外开放，充分参与国际贸易，提高产品的国际竞争力；四是要逐步从第一产业转移劳动力。

2.1.3　制度变迁理论

制度变迁理论(institution change theory)，兴起于20世纪70年代前后，是将制度因素纳入经济增长分析而发展起来的一种解释经济增长的理论，其主要代表人物为美国经济学家诺思(North D C)。制度变迁理论经济学意义上的制度，“是一系列被制定出来的规则、服从程序和道德、伦理的行为规范”，诺思称之为“制度安排”。制度安排指的是支配经济单位之间可能合作与竞争的方式的一种安排。制度安排旨在提供一种使其成员的合作获得一些在结构外不可能获得的追加收入，或提供一种能影响法律或产权变迁的机制，以改变个人或团体可以合法竞争的方式。诺斯的制度变迁理论分为产权理论、国家理论和意识形态理论三部分。

1. 制度变迁中的产权理论

把产权理论与制度变迁结合是诺思的一大理论贡献。诺思认为，科斯(Coase)等创立的产权理论有助于解释人类历史上交易费用的降低和经济组织形式的替换。根据产权理论，在现存技术、信息成本和未来不确定因素的约束下，在充满稀缺和竞争的世界里，解决问题成本最小的产权形式将是有效率的。竞争将使有效率的经济组织形式替代无效率的经济组织形式，为此，人类在为不断降低交易费用而努力着。有效率的产权应是竞争性的或排他性的，为此，必须对产权进行明确的界定，这有助于减少未来的不确定性因素，从而降低产生机会主义行为的可能性；否则，将导致交易或契约安排的减少。

诺思认为，产权结构主要在以下方面推动制度变迁：首先是依靠产权结构创造有效率的市场。新古典经济学理论认为，市场的有效性只有靠充分竞争。诺思研究发现，市场的有效性意味着充分界定和行使产权，它意味着创造一套促进生产率提高的约束变量。面对信息不完全的市场，产权结构及其行使并得到确认能够降低或完全消除不确定性。诺思认为，市场无效率的根本原因是产权结构无效率，因此制度创新的一个重要内容就是产权结构的创新。另一方面，技术的变化、更有效率的市场的拓展等最终又会引致与原有产权结构的矛盾，于是形成相对无效率的产权结构。这种情况下就需要调整产权结构，进行产权结构的创新。其次是依靠产权结构推动技术进步。诺思认为，技术进步率的提高，既源于市场规模的扩大，又出自发明者能获取发明收益较大份额的可能性。投资于新知识和发展新技术的盈利性需要在知识和创新方面确立某种程度的产权。如果缺乏产权，新技术唾手可得，就会丧失发明的动力。尽管发展新技术的社会收益率总是很高的，但从历史上看发展新技术的步伐却是缓慢的，问题在于"不能在创新方面建立一个系统的产权"。一套鼓励技术变革、提高创新的私人收益率使之接近于社会收益率的激励机制就是明晰创新的产权。"商标、版权、商业秘密和专利法都旨在为发明创造者提供某种程度的排他性权利"。

2. 制度变迁中的国家理论

国家的存在是经济增长的关键，又是人为经济衰退的根源，这一悖论使国家成为经济史研究的核心。诺思在制度变迁理论中对产权理论虽然没有多大发展，但独到之处在于将产权理论与国家理论结合起来。因为国家并不是"中立"的，国家决定产权结构，并且最终要对造成经济增长、衰退或停滞的产权结构的效率负责。在诺思看来，关于制度变迁的国家理论既要解释造成无效率的产权的政治或经济组织的内在活动倾向，又要说明历史上国家本身的不稳定性，即国家的兴衰。为此，他把自己的国家理论称为"界定实施产权的国家理论"。

国家理论首先要说明国家的性质。关于国家的性质，政治学和历史学中有各种解释，但归纳起来主要有两种：掠夺论（剥削论）和契约论。掠夺论认为国家是某一集团或阶级的代理者，它的作用是代表该集团或阶级的利益向其他集团或阶级的成员榨取收入。即国家是掠夺或剥削的产物，是统治者掠夺和剥削被统治者的工具。西方一些社会学家包括马克思主义者就持这种观点。契约论则认为，国家是公民达成契约的结果，它要为公民服务，国家在其中起着使社会福利最大化的作用。这种理论有悠久的历史，近年来在新古典经济学家的重新解释下又得以复兴。显然，这两种理论都有一定的道理，都能在历史和现实中找到佐证，但它们均不能涵盖所有的国家形式，因而是不全面的。从理论推演的角度看，国家带有掠夺和契约的双重性。因而诺思倡导有关国家的“暴力潜能”(violence potential)分配论。他认为，国家可视为在暴力方面具有比较优势的组织。若暴力潜能在公民之间进行平等分配，便产生契约性国家；若分配是不平等的，则产生掠夺(剥削)性国家。

诺思认为，具有一个福利或效用最大化的统治者的国家模型具有三个基本特征：①国家为获取收入，以一组被称为“保护”或“公正”的服务作为交换；②为使国家收入最大化，它将选民分为各个集团，并为每一个集团设计产权；③国家面临着内部潜在竞争者和外部其他国家的竞争。诺思指出，国家提供的基本服务是博弈的基本规则。国家的目的有两个：一是界定形成产权结构的竞争与合作的基本规则，使统治者的租金最大化；二是降低交易费用以使社会产出最大化，从而使国家税收最大化。诺思研究发现，在历史上的许多阶段，“在使统治者的租金最大化的产权结构与减低交易费用促进经济增长的有效率体制之间，存在着持久的冲突。这种基本矛盾是使社会不能实现持续经济增长的根源。”也就是说，国家上述两个目的之间存在冲突并导致相互矛盾乃至对抗的行为出现，是国家兴衰的根本原因所在。

3. 制度变迁中的意识形态理论

西方正统的经济学理论一直忽视或排除意识形态在经济增长和制度变迁中的作用，其他一些社会学家尤其是马克思主义理论家则十分重视意识形态的作用。诺思在吸收两种理论精华的基础上，发展了自己的具有意识形态成分的制度变迁理论。诺思指出，新古典理论不能解释两种行为：一是包括“搭便车”(free ride)在内的机会主义行为；二是对自我利益的计较并不构成动机因素的行为，即利他主义行为。诺思的制度变迁理论突破了新古典理论限于严格的个人主义的功利性假设，明确指出“变迁与稳定需要一个意识形态理论，并以此来解释新古典理论的个人主义理性计算所产生的这些偏差”。

意识形态，根据诺思的解释，是由互相关联的、包罗万象的世界观构成，包括道德和伦理法则。市场机制得以有效运行的一个重要条件是，人们能遵守一定的意识形态。“社会强有力的道德和伦理法则是使经济体制可行的社会稳定的要素”。在诺思看来，意识形态是降低交易成本的一种制度安排。例如，在界定和执行产权的成本大于收益的情况下，不能用产权来解决“搭便车”问题，这时就要靠意识形态来约束人们的行为。再如，政治组织和经济组织确定的规则需要一个遵从过程。遵从也是有成本的。如果对个人的最大化行为缺乏某种制约，产生了过高的遵从规则的成本，这将使政治或经济制度无法安排，那么就需要花费大量的投资去使人们相信这些制度的合法性。在这种情况下，政治或经济制度的安排需要和意识形态相结合。人们之所以能够不计较个人利益而采取服从社会规则的行为，这正是意识形态在起作用。他指出，“在社会成员相信这个制度是公平的时候，由于个人不违反规则和侵犯产权，那么规则和产权的执行费用就会大量减少。”

诺思还用意识形态理论解释“搭便车”行为。在经济学上，所谓“搭便车”就是获得利益而逃避付费的行为。这种行为妨碍市场的自动调节过程。因此，一个成功的意识形态必须能够克服“搭便车”行为，这是各种意识形态的一个中心问题。在诺思看来，意识形态是一种行为方式，它通过提供给人们一种“世界观”而使行为决策更为经济。如果集团的每个成员具有共同的意识形态，具有共同的利益，就容易组织起来实现集团的目标；反之，如果存在分歧的意识形态，利益目标互不相同，且不了解对方的行为信息，则在集体行动时，就有人不承担任何代价而享受集体行动的利益，“搭便车”现象就不可避免。集团成员数目越多，“搭便车”行为就越严重。因此，解决“搭便车”问题的条件有两个：一是集团成员的数目要适度；二是对个人提供有选择性激励。对持不同意识形态的成员，集团应致力于人力资本投资，通过宣传教育以形成统一的意识形态和对集体行动的“虔诚”，来节省集体行动的组织成本和信息费用。或者制定精确的规则并加以实施，对成员的“搭便车”行为进行监督和惩罚。当然，地域不同、年龄不同、职业不同和经历不同的人们具有不同的意识形态，但成功的意识形态必须是灵活的，这样才能更好地、有效地解决“搭便车”问题。

诺思的制度变迁理论具有开拓性的贡献，引入我国后迅速被接受，对我国制度变迁和工业可持续增长具有以下方面的重要启示：①解决好经济改革的路径依赖问题。中国的经济改革过程实质上是一个重大的制度变迁过程。一方面是从落后的自给自足的自然经济向市场经济的转轨，这一转轨与大部分发展中国家的经济转轨有大体一致的意义；另一方面是从传统的计划经济体制向市场经济体制的转轨，这一转轨与大多数社会主义国家面临的转轨的含义大体相同。中国既是一个发展中国家，又是一个社会主义国家，经济的市场化改革实际上是以上双重转轨的综合。显然，中国经济改革不属于那种一般的市场改良或形式变革，实际上是从传统的经济制度向市场经济制度的转轨，从这一角度讲，经济改革过程实质上是一种制度变迁过程，是一场深刻的制度革命。这种经济双重转轨的复杂性决定了制度变迁的艰难性和渐进性。中国经济改革作为一种制度变迁，无疑存在路径依赖问题：一方面，初始的制度设计和选择是重要的，中国选择的市场化趋向和建立市场经济体制的目标被实践证明是正确的；另一方面，在改革过程中，既得利益集团会力求维持现有制度，阻碍进一步变革。因此，中国的经济改革能否成功，能不能实现建立社会主义市场经济的目标，不仅取决于改革者的主观愿望和最终目标，而且依赖于改革进程中能否解决好“路径依赖”问题。尤其是改革进展到目前深层阶段，前期改革中既得利益集团已经形成并成为进一步改革的阻碍力量的情况下，如何削弱这种阻碍力量，并培养新生的改革力量，才是中国经济改革深化要解决的关键问题。②加快我国产权改革的进程。正如诺思所分析的，产权是构成制度框架的重要元素，产权结构的无效率必然导致制度结构的无效率，因此制度创新的一个重要内容就是产权结构的创新。明晰产权，调整不合理的产权结构，是推进改革和制度变迁进程的重要前提和有效力量。中国的改革是从计划经济起步的，以往的单一国家所有制下，产权结构是有缺陷、无效率的，缺乏激励和动力机制，产权方面的问题很多也很复杂，并已成为进一步改革的基础性障碍。这种情况下，不管愿意不愿意，产权改革是绕不过去的。因此，借鉴诺思的制度变迁中的产权理论，中国必须重视产权改革，尤其是当改革进展到深层攻坚阶段以后，产权改革更需要解放思想，大胆推进，以便为整个经济改革和制度变迁扫清障碍。③发挥政府在改革中的主导作用。诺思的国家理论告诉我们，国家是经济增长的关键，政府是国家机构的代理人，政府代表国家界定和实施产权，并最终对经济增长或衰退负责。政府在经济改革和制度变迁过程中起着重要作用。中国近 40 年的经济改革，实际上得到了两种力量的推动：一种是民间力量等内生因素的自发作用，即所谓的“自下而上”的改革；另一种是政府力量的推动，即所谓的“自上而下”的改革。虽然改革首先发轫于民间部门如农村土地承包等，但总体上说，政府在整个改革过程中担当着重要的角色，尤其是从城市改革开始主要是“自上而下”的强制性改革，政府的作用功不可没，政府不仅是改革的推动者，而且是改革方向的把握者。政府部门利用自己的权威地位和在资源配置中的优势地位，采取了一系列有效的改革措施，为新体制的生成提供了有利的制度环境，促进了市场因素的发育和市场机制的形成。这种政府主导型制度变迁模式是中国经济改革取得巨大成功、受到世界各国推崇的主要原因之一。无疑，在改革进入攻坚阶段的今天，更要重视政府对改革的主导和推动作用，并重视政府自身的改革。④重视意识形态在改革中的特殊作用。诺思的另一个重要贡献就是发现了意识形态在制度变迁和经济增长中的特殊作用，改变了传统经济学理论中“经济人”单纯追求利益最大化的假设，解释了人们有时表现的利他行为，解决了普遍存在的“搭便车”等机会主义行为的难题，重视了道德伦理等意识形态的重要作用。尤其是对马克思主义理论历来注重意识形态作用的观点给予了较高的评价，这在西方经济学理论界是难能可贵的。中国是以儒家文化为核心的东方大国，新中国成立后又建立成以马克思主义理论为指导的社会主义国家，历来重视意识形态在社会发展和经济增长中的作用，思想政治工作是各项工作取得成功的法宝之一。当前的经济改革和体制转轨，是人的思想观念的大转变，需要更大的理解力和心理承受能力，意识形态的约束作用和推动作用显得尤为重要。我们应该借鉴诺思的意识形态理论，发扬以往注重道德伦理因素的优良传统，重视意识形态的特殊作用，以减轻改革的摩擦，降低改革的成本，从而加快中国经济改革和制度变迁的进程。

2.1.4 可持续发展理论

可持续发展(sustainable development)是20世纪80年代提出的一个新概念。1987年世界环境与发展委员会在《我们共同的未来》报告中第一次阐述了可持续发展的概念，得到了国际社会的广泛共识。可持续发展理论是指既满足当代人的需要，又不对后代人满足其需要的能力构成危害的发展理论。

1. 可持续发展的属性

可持续发展理论注重从自然属性、社会属性、经济属性和科技属性定义可持续发展：①从自然属性定义可持续发展，说明自然资源及其开发利用程度间的平衡，认为可持续发展是寻求一种最佳的生态系统以支持生态的完整性和人类愿望的实现，使人类的生存环境得以持续。②从社会属性定义可持续发展，将可持续发展定义为："在生存于不超出维持生态系统涵容能力的情况下，提高人类的生活质量"，只有在"发展"的内涵中包括有提高人类健康水平、改善人类生活质量和获得必须资源的途径，并创造一个保持人们平等、自由、人权的环境，"发展"只有使我们的生活在所有这些方面都得到改善，才是真正的"发展"。③从经济属性定义可持续发展，认为可持续发展的核心是经济发展。经济发展已不是传统的以牺牲资源和环境为代价的经济发展，而是"不降低环境质量和不破坏世界自然资源基础的经济发展"。④从科技属性定义可持续发展，从技术选择的角度扩展了可持续发展的定义，认为"可持续发展就是转向更清洁、更有效的技术，尽可能接近零排放或密闭式工艺方法，尽可能减少能源和其他自然资源的消耗"。还有的学者提出，"可持续发展就是建立极少产生废料和污染物的工艺或技术系统"。他们认为，污染并不是工业活动不可避免的结果，而是技术差、效益低的表现。

2. 可持续发展的内涵

可持续发展的内涵包括：①共同发展。地球是一个复杂的巨系统，每个国家或地区都是这个巨系统不可分割的子系统，每个子系统都和其他子系统相互联系并发生作用，只要一个系统发生问题，都会直接或间接导致其他系统的紊乱。因此，可持续发展追求的是整体发展和协调发展，即共同发展。②协调发展。协调发展包括经济、社会、环境三大系统的整体协调，也包括世界、国家和地区三个空间层面的协调，还包括一个国家或地区经济与人口、资源、环境、社会以及内部各个阶层的协调，持续发展源于协调发展。③公平发展。世界经济的发展呈现出因水平差异而表现出来的层次性，这是发展过程中始终存在的问题。可持续发展思想的公平发展包含两个维度：一是时间维度上的公平，当代人的发展不能以损害后代人的发展能力为代价；二是空间维度上的公平，一个国家或地区的发展不能以损害其他国家或地区的发展能力为代价。④高效发展。公平和效率是可持续发展的两个轮子。可持续发展的效率不同于经济学的效率，可持续发展的效率既包括经济意义上的效率，也包含着自然资源和环境损益的成分。因此，可持续发展思想的高效发展是指经济、社会、资源、环境、人口等协调下的高效率发展。⑤多维发展。人类社会的发展表现出全球化的趋势，但是不同国家与地区的发展水平是不同的，而且不同国家与地区又有着异质性的文化、体制、地理环境、国际环境等发展背景。可持续发展本身就包含了多样性、多模式的多维度选择的内涵。因此，在可持续发展这个全球性目标的约束和指导下，各国与各地区在实施可持续发展战略时，应该从国情或区情出发，走符合本国或本地区实际的、多样性、多模式的可持续发展道路。

3. 可持续发展的具体内容

可持续发展的具体内容包括：①经济可持续发展。可持续发展鼓励经济增长而不是以环境保护为名取消经济增长，因为经济发展是国家实力和社会财富的基础。但可持续发展不仅重视经济增长的数量，更追求经济发展的质量。可持续发展要求改变传统的以“高投入、高消耗、高污染”为特征的生产模式和消费模式，实施清洁生产和文明消费，以提高经济活动中的效益、节约资源和减少废物。从某种角度上，可以说集约型的经济增长方式就是可持续发展在经济方面的体现。②生态可持续发展。可持续发展要求经济建设和社会发展要与自然承载能力相协调。发展的同时必须保护和改善地球生态环境，保证以可持续的方式使用自然资源和环境成本，使人类的发展控制在地球承载能力之内。因此，可持续发展强调了发展是有限制的，没有限制就没有发展的持续。生态可持续发展同样强调环境保护，但不同于以往将环境保护与社会发展对立的做法，可持续发展要求通过转变发展模式，从人类发展的源头、从根本上解决环境问题。③社会可持续发展。可持续发展强调社会公平是环境保护得以实现的机制和目标。可持续发展指出世界各国的发展阶段可以不同，发展的具体目标也各不相同，但发展的本质应包括改善人类生活质量，提高人类健康水平，创造一个保障人们平等、自由、教育、人权和免受暴力的社会环境。这就是说，在人类可持续发展系统中，经济可持续是基础，生态可持续是条件，社会可持续才是目的。人类应该共同追求以人为本位的自然-经济-社会复合系统的持续、稳定、健康发展。

可持续发展理论虽然更多地针对自然、经济和社会的整体发展问题，但对工业的可持续增长有着重要的启示。①工业的增长必须考虑环境承载能力。工业的发展必须要借助一定的自然环境，而在一定时期内环境的容量是有限的，对于工业的承载能力也是有一个限度的。如果不考虑环境对工业发展的整体承载能力，超越环境对经济发展的容量盲目地扩大工业规模，可能会造成严重的环境污染问题，而这些环境污染的治理成本远远超出工业增长获得的收益。因此，工业的可持续性增长必须要在保护环境的前提下进行，要避免走“先污染再治理”的老路。一是严格控制耕地占用，保住 18 亿亩耕地红线，提高森林覆盖率，扩大自然保护区面积，并加强水源尤其是饮用水源的保护。二是要增加环境治理投入，提高污水、固体废弃物的综合治理率，减轻工业增长的环境压力。三是要加大环境基础设施建设力度，提高环境对工业发展的承载能力。②政府要为工业的可持续增长创造宽松的政策环境，实现各类工业的共同发展和协调发展。社会主义现代化国家需要农业、工业和第三产业的全面协调发展，同时也需要各类工业的全面协调发展。任何一类工业的发展不协调，都会造成“木桶效应”，影响国家整个工业的全面发展，削弱国家在国际竞争中的比较优势。因此，政府应当从国家发展战略和产业政策的角度，完善体制机制，促进各类工业共同发展、协调发展、均衡发展。③政府要努力发展教育事业，提高国家人力资源水平，为工业的可持续发展奠定人才基础。可持续发展的核心和最终目标都是为了人的全面发展，而人的全面发展又会提高国家的整体人力资源水平，反过来促进工业的可持续发展。因此，政府应当注重人力资本的积累，将人才培养工作落到实处，实现人力向人才的转变，人力资源向人力资本的转变。一是要增加教育支出，尤其是基础教育支出，为人力资源的积累奠定坚实的基础。二是要加大科学研究投入，提高科技创新能力，提高工业发展的科技含量，为工业的可持续增长提供要素和管理资源。

2.2　工业可持续增长的相关概述

2.2.1　工业可持续增长的概念内涵

对于“新型工业化”的含义，党的十六大报告指出，坚持以信息化带动工业化，以工业化促进信息化，走出一条科技含量高、经济效益好、资源消耗低、环境污染少、人力资源优势得到充分发挥的新型工业化路子。

“经济可持续增长”是以内涵扩大再生产为主要特征的经济发展类型，经济的发展不再是以高资源投入为主要手段，转而要强调资源的利用效率，依靠内部优势整合资源，实现经济的内生发展。从外延扩张型经济转向内涵发展型经济，将使经济增长方式发生以下变化：①由以高投入为主的增长转向以效率提高为主的增长；②综合要素生产率增长速度高于投入物增长速度。

结合新型工业化的发展要求，以及经济可持续增长的内涵，本书对“工业可持续增长”的定义是在工业经济发展中以科技创新能力、优势人力资本为核心资源，整合外界资源环境，调整产业结构，转变经济发展方式，坚持以信息化带动工业化，使工业发展走上科技含量高、经济效益好、资源消耗低、环境污染少、人力资源优势充分发挥，以内涵扩大生产为主要经济增长模式的道路。

2.2.2　工业可持续增长的基本内容

根据以上定义，工业可持续增长包括以下几个方面的基本内容。

第一，科技含量高。充分发挥科技作为第一生产力的作用，更加注重科学技术在工业增长中的促进作用，促进科技成果更好地转化为现实生产力，提高产品的质量和市场竞争力。

第二，经济效益好。转变工业经济的增长方式，提高科技含量，提升产品附加值，增加制造业这一中间环节的价值，工业发展与市场要求相结合，避免产能过剩。

第三，资源消耗低。就是要充分考虑我国人均资源相对短缺的实际，实施可持续发展的战略，坚持资源开发和节约并举，把节约放在首位，努力提高资源利用效率，积极推进资源利用方式从粗放向节约的转变，转变生产方式和消费方式。

第四，人力资源优势得到充分发挥。不仅要结合劳动力资源的分布情况制定人力资源利用策略，同时要加强对劳动力的教育与培训投入，真正发挥人才对于工业经济增长的促进作用。

第五，环境污染少。就是要在工业发展过程中更加注重生态环境的保护，加大环境保护力度，将环境保护与工业发展放到同等重要的位置。

2.2.3 工业可持续增长的阶段性特征

1. 工业化阶段

工业化通常被定义为工业(特别是其中的制造业)或第二产业产值(或收入)在国民生产总值(或国民收入)中比重不断上升的过程，以及工业就业人数在总就业人数中比重不断上升的过程。工业发展是工业化的显著特征之一，工业化是现代化的核心内容，是传统农业社会向现代工业社会转变的过程。在这一过程中，工业发展是与农业现代化和服务业发展相辅相成的，总是以贸易的发展、市场范围的扩大和产权交易制度的完善等为依托的。

技术革命和机器大生产促进了生产方式的转换。机器化大生产的生产方式越来越广泛使用，取代手工生产方式，不仅仅是工业，农业、服务业等也逐步采用先进的机械化、电动化、信息化的机器设备从事生产。传统工业化的标志是机械化、电气化、自动化。不断追求高效率和高效益。追求高效率和高效益是工业化的灵魂，是工业化的精神动力，无论是技术的革新还是市场的开拓、企业规模的扩大，无不是在这一动力的推动下实现的。

专业化分工日益深化，促进结构不断升级。在工业化阶段，同类产品的生产不断集中，提高生产效率和降低单位产品的成本，获取规模经济效益；产业链条不断延伸和拓展，新的产业相继涌现；经济结构发生重大变动，产业结构沿着农业、轻工业、重工业、第三产业的方向依次升级。生产集约化程度沿着劳动密集型、资金密集型、技术密集型、知识密集型等几个阶段依次演进；经济制度和经济体制也往往随着工业化的推进而产生变迁。

工业化普遍面临着人口、资源、环境等因素的约束。发展的条件不同，解决人口、资源、环境等约束的途径和方式不同，必然产生了工业化道路选择的模式差异，带来了不同的发展影响和增长绩效。传统的工业化道路基本上是粗放型或资源消耗型的，工业化的不断推进建立在资源高投入基础之上，走的是一条先污染后治理的道路。

2. 后工业化阶段

美国社会学家贝尔(Bell D)指出后工业社会最简单的特点是大多数劳动力不

再从事农业或制造业，而是转向服务业。商品生产经济变为服务经济。从本质上看，“后工业化”是物质基础达到一定水平，工业经济发展到较强大、相对领先时才发生的。发达国家由工业经济向后工业经济的转变都是工业生产已达到较高水平的时期开始的。

在“后工业化”时代，居民的收入水平得到大幅度的提高，居民消费需求结构也随之变迁。居民对工业产品的消费支出相对稳定，对服务产品的消费则在不断提高。由于居民消费需求结构的变迁，对服务性产品需求的增加，导致资本和劳动力由第二产业部门向第三产业部门转移。

“工业化”到“后工业化”是世界工业发展的基本规律，然而没有哪个已经进入后工业化的国家和地区的工业经济不是处在较高的水平，工业是国家和地区经济高度发展的基础，脱离工业发展起来的经济后劲不足，不能得到长久的发展。重庆正处在工业化后期的前半阶段，在未来相当长的一段时间内，工业经济的发展仍然是重庆经济发展的重心，经过工业化初期的粗放经营，快速增长，转变到由量到质的关键时期，需要在产业结构升级，技术创新等方面进行强力推进。

3. 再工业化阶段

在后金融危机时代，以美国为代表的工业化国家在经历了金融危机的阵痛之后，提出了“再工业化”，重新认识到制造业和实体经济在国家经济发展中的地位和作用。以重振制造业和发展实体经济为核心的工业化战略再次成为世界工业发展主题。豪斯曼(Hausmann R)和伊达尔戈(Hidalgo C A)指出，在过去 60 多年间，由工业产品复杂性所反映的一国制造业能力是所有预测性经济指标中能够最好地解释国家长期增长前景的指标，国家间的制造业能力差异能够解释国家间收入差异的至少 70%。这种从能力视角观察制造业经济功能的发现意味着，虽然制造业在发达市场经济国家经济总量中的比重不断下降，但制造业本身所蕴含的生产能力和知识积累却是关系一国经济长期发展绩效的关键(Hausmann and Hidalgo，2011)。因此，制造业对于国家经济发展的意义，不仅体现在其创造了多少经济价值，更体现在它在国民经济增长过程中的驱动作用。

“再工业化”战略虽然是以制造业和实体经济的发展为核心，但并不是简单地提高制造业产值比例。将现代信息技术运用到制造业中，以信息化带动产业化，促进制造业与服务业相融合，使制造业再重新获得竞争优势将是“再工业化”阶段制造业发展的主要趋势。工业化阶段，如同“微笑曲线”描述的那样，制造业环节创造的价值处在整个价值的最底端。现代制造技术的运用能够提升制造环节的价值创造能力，制造业环节在整个产业价值链上的战略地位也将和研发与营销同等重要。

2.2.4 工业可持续增长的影响因素

1. 经济因素

工业经济始终是地区经济整体的一部分，工业所处的经济环境对其本身的发展有着重要的影响。市场需求规模、竞争者情况、国际国内地区之间的贸易等因素都明显作用于工业的发展。地区经济发展能力，尤其是工业经济发展能力，对于工业的可持续发展有着至关重要的作用。例如当工业在地区经济结构中占有重要位置时，政策、资源等的偏向性比较明显。提高经济效益，一方面是自身发展的需要，另一方面是吸引更多的资源，才能在地区经济中占据主导地位，实现可持续的发展。

2. 技术因素

科学技术是影响工业可持续增长的主要因素之一。随着经济增长方式的转变，技术进步已经成为促进经济增长的主要动力。工业的可持续增长表现为由传统的依靠高资源投入来拉动经济增长的发展模式转变为通过提高资源利用率、整合内部优势资源来实现工业经济发展的模式。科技进步不仅使得资源的利用效率得到提高，同时能够使得资源得到更加广泛的有效利用。传统产业利用新技术，能够促进传统产业的改造升级，科学技术的日益现代化，促使工业部门发生变革，并通过主导产业的扩散效应带动相关产业部门发展。科技的进步还在不断引发人们的新需求，新需求的产生成为产业部门发展的新动力。

3. 环境因素

环境因素对工业可持续增长的影响主要表现在环境承载能力上。忽视环境承载能力、先污染后治理的经济发展模式已经被事实证明是一条不可持续发展之路。工业经济要想获得长久的可持续增长，首先必须建立在环境能够承载的范围之内。提高环境的承载能力，第一，要加大环境保护力度，提高污染治理水平和效率。第二，加快基础设施建设。基础设施的建设能够从深度和广度上为工业的发展提供更大的承载能力。尤其是交通和港口方面的承载能力，是工业可持续增长的重要因素，使工业经济辐射范围扩大，为工业发展创造动力。

4. 资源因素

资源尤其是自然资源对工业经济的发展有着重要的影响。自然资源对资源消耗型工业的发展有着决定性作用。但工业的可持续增长并非一定建立在丰裕的自然资源基础之上，资源禀赋好的地区发展工业经济有着得天独厚的优势，但反观工业经济发展较快的国家和地区，不难发现很多国家和地区的资源并不丰富，甚至贫乏，例如国家中的日本、韩国，地区中的上海、北京。这些国家和地区工业经济快速发展的共同原因之一就是对资源的高效率利用和资源整合。因此，工业经济要实现可持续增长，从资源方面来说，就是要提高资源的利用效率，同时整合一切可用的资源。

5. **人口因素**

经济增长的重要因素之一就是人口因素，在很多经济增长模型中，人口因素都是作为重要的投入要素出现在分析框架中。知识经济的到来，人口因素对经济增长的作用更多体现在人力资源要素的运用上。提高劳动力科技水平，增强专业能力，形成适应时代发展需要的人力资本，成为工业经济可持续增长最主要的生产要素，能够从多方面推动经济增长方式的转变，为可持续增长提供高素质人才支持。随着经济增长方式的转变，对劳动力素质的要求越来越高，加强教育资源的投入和人力资源的培训投入，造就一批适应时代经济发展需要的人才，对工业经济走上可持续发展之路具有重要的意义。

6. **信息因素**

信息化是指伴随着信息技术的广泛应用而出现的，以信息作为重要的生产和生活资源的一种持续的社会改进和进化的过程。信息化主导新时期工业化的方向，贯穿于新型工业化的始终。离开信息化，无论怎样的高新技术，怎样的经济结构，都不可能实现工业经济的可持续发展。信息化不仅为工业发展指明了方向，而且促进了工业产业的发展。信息技术的引入，带动技术创新，一方面可以增加制造能力、丰富产品、适应个性化需要，扩大工业生产；另一方面直接刺激整个信息设备制造业的市场需求。利用信息资源和信息技术，可以改造原有的工业格局和工业企业的生产、管理、销售，使整个工业领域资源配置有效、结构合理。在创造市场需求方面，通过信息技术的采用，可以创造需求，创造市场，为工业可持续增长创造动力。

第 3 章　重庆工业经济发展现状概览

3.1　重庆工业经济发展基础

3.1.1　工业区域布局

工业是重庆市的支柱产业。重庆市工业总体区域布局思路是“一心四带”。

“一心”是打造“主城高端工业核心极”。围绕“支柱优势产业跃升、战略性新兴产业培育、特色资源产业提升”，做大做强电子信息、新能源汽车、生物医药等高新技术产业，推动汽摩、机电等传统制造业向现代服务业、都市楼宇工业升级，加快保障性能源产业集群建设。以重点园区为平台，培育一批龙头企业，打造一批具有全球影响力的战略性集群和具有全国影响力的优势产业集群。

“四带”分别是：①打造渝南重化工产业带。沿渝涪高速公路，依托长寿、涪陵等区，发展化工、冶金等产业，努力建设西部最大的天然气石油化工基地和西部重要的大型钢铁基地。②打造成渝万高铁经济走廊产业带。沿成渝万高铁、渝蓉高速公路、成渝万高速公路，依托永川、江津、大足、荣昌、璧山等区，发展电子信息、汽摩及零部件等产业，构建笔电配套和汽车摩托车零部件产业密集区。③打造渝遂高速公路产业密集带。沿遂渝铁路、渝遂高速公路及嘉陵江，依托合川、铜梁、潼南等区，发展新型建材、绿色食品等产业，提升对川东地区的辐射带动力。④打造渝黔高速公路沿线产业带。沿渝黔高速公路、渝湘高速公路和渝黔铁路新线，依托綦江、南川、万盛等区（含经济技术开发区）和巴南、南岸部分区域，发展能源工业、有色冶金等产业，支撑渝黔合作示范区建设。

工业园区已经成为重庆市经济发展的重要平台和主要支撑。在五大功能区区域规划指导下，重庆市的工业园区骨架是“1+2+7+36”，其中“1”是指国家级的两江新区工业园区，“2”是指国家级的西永综合保税区和两路寸滩保税港区，“7”是指 7 个国家级工业园区，除上述 3 个以外，还有重庆经济技术开发区、重庆长寿化工园区、重庆高新技术产业开发区和万州经济技术开发区，“36”是 36 个市级特色园区。下面重点简介 7 个国家级工业园区。

(1) 两江新区工业园区。总面积 170 平方公里，包括江北区、渝北区、北碚区的一部分。两江新区工业园包括龙石先进制造功能区和鱼复现代物流功能区两大功能区。

(2)西永综合保税区。总面积10.3平方公里。A区位于沙坪坝西永镇中梁山以西、襄渝铁路以东及周边地块；B区位于沙坪坝陈家桥镇寨山坪以西、虎曾路以东地块，重庆西永综合保税区是全国面积最大、功能最全、政策最优的海关特殊监管区域，以保税加工和保税物流为主，按照功能不同大致可划分为通关作业、保税加工、保税物流、贸易服务四大功能区。

(3)两路寸滩保税港区。总面积8.37平方公里。位于江北寸滩，包括长江中上游外贸集装箱枢纽港——寸滩港及周边交通枢纽。两路寸滩保税港区致力于发挥保税仓储、物流和商品展示交易等功能。

(4)重庆高新技术产业开发区。总面积70平方公里。包括石桥铺高新科技开发园、二郎科技新城20平方公里和北部新区高新园50平公里。重庆高新技术产业开发区是重庆市发展高新技术产业和改造提升传统产业的重要基地。

(5)重庆经济技术开发区。总面积90平方公里。处在重庆城市副中心之一的茶园地区，与两江新区、重庆高新区形成三足鼎立之势。重庆经济技术开发区是重庆高新技术产业聚集地，是移动通讯国家高新技术产业化基地、3G技术产业化基地和国家物联网产业化示范基地。

(6)重庆长寿化工园区。总面积31.3平方公里。位于长寿区晏家街道境内，重庆长寿化工园区是重庆市集天然气化工、石油化工、生物质化工、精细化工和新材料产业于一体的综合性化工园区，是重庆市资源加工业的重要平台。

(7)万州经济技术开发区。总面积10平方公里。包括天子园、盐气化工园、五桥园三个分园。万州经济技术开发区重点发展盐气化工、新材料新能源、机械电子、纺织服装、食品药业等五大产业。

3.1.2　工业发展条件

纵观“十二五”期间的重庆工业，其大力发展主要得益于以下几个方面。

第一，交通建设和物流通道取得突破进展。航空方面，江北国际机场二跑道、二号航站楼建成投用，航空运输能力大大提升，第三跑道、第三航站楼即将投入使用。公路方面，高速公路通车里程达到2500多公里，已形成“二环八射”的高速公路网络，还在西部地区率先取消二级路收费，城乡干道建设日趋完善；铁路方面，已形成“一枢纽五干线二支线”的铁路骨架网络，“渝新欧”铁路物流大通道开始运行，铁路通车里程达到1900多公里；航运方面，随着三峡工程175米蓄水完成，长江黄金水道实现江海联运，万吨级船队可直达重庆。外环时代的大都市建设为工业发展提供了新的发展空间。

第二，重庆综合服务功能增强。重庆是我国五大中心城市之一，商贸、物流、进出口能力居西部地区之首。金融生态环境良好，重庆金融业增加值在 GDP 中占比居全国第三位，金融机构数量、网点和从业人员密度居中西部前茅，是西部地区重要的票据结算中心，综合服务功能强大。且社会治安秩序良好，社会更趋公平正义、和谐稳定，生活和发展环境进一步完善，为招商引资和人才引进创造了良好条件。

第三，教育工作突出，人力资源丰富。重庆目前有 61 所大学、360 所中等职业学校，每年向社会输送技术人才 30 多万人；各类研发机构 1000 多个，其中市级以上研发机构 100 余所，各类专业技术人员 100 多万人。同时，重庆有丰富的劳动力资源，户籍制度改革和公租房建设的两大制度创新，为吸引 400 万外出务工人员返乡就业，破解人力资源稳定性不足难题提供了体制基础保障。

第四，消费市场广阔。重庆位于中国地理中心，方圆 800 公里范围内居住了 3 亿人口。加上我国城镇化进程加快，以及内需主导、消费驱动的政策取向，为重庆工业带来巨大的消费市场。重庆制造基地与周边市场的互动发展，也有效地降低了“重庆制造”的出项物流成本，缩短了产品交货期，大大增强了重庆企业的竞争力。

第五，优惠政策的支持。重庆积极执行增值税转型、进口设备减免税等国家普惠政策、西部大开发所得税优惠政策，以及统筹城乡改革发展土地流转、三峡库区后续扶持移民就业补贴及税收返还政策，还有两江新区、两路寸滩保税港区和西永综合保税区等特殊优惠政策，是西部地区优惠政策最为富集的地区。

第六，产业基础雄厚，工业发展体系完善。目前重庆形成了“1+2+7+36”的工业园区格局规划，新增工业用地达数百平方公里，基础设施和服务体系不断完善，电信研究院西部分院、中科院重庆研究院、国家信息中心软件评测中心重庆中心，以及一大批世界 500 强、中国 500 强企业落户重庆。

3.1.3　工业发展态势

正是由于重庆工业发展所具有的优越条件，重庆的工业发展迈向了一个新的高度，取得了一系列的成绩。

第一，工业总体呈良好态势。2012 年全市工业总产值 13 095 亿元，对全市经济增长的贡献率达 57.5%，工业销售收入 12880 亿元，工业增加值 5181.01 亿元，工业增加值占 GDP 比重达到 45.4%，工业就业人员达 422.73 万人，占全市城镇就业人员的 49.37%，工业利税总额达 1 224 亿元。

第二，工业结构更趋合理。电子信息产业加速发展，形成品牌商、代工商、零部件企业垂直整合集群发展的态势，逐步实现产量达到亿台级的全球最大笔记本电脑基地目标；生产性服务业呈现新特点，加工贸易结算业务量突破千亿元，为转型升级奠定坚实基础；传统优势产业稳步增长，汽摩产业销售收入突破3000亿元，装备制造业、材料工业、轻纺工业销售收入迈上千亿元台阶；企业规模不断扩大，销售收入过亿的企业逐渐增加；“五大功能区”发展战略深入推进。

第三，工业投资高速增长。2012年全市完成工业投资3064亿元，其中制造业投资2403亿元，占比78%。电子信息、装备、材料、汽车摩托车、轻纺等行业投资也有较大增幅。西南铝业集团“1+2”冷连轧和军工厚板、长安汽车渝北工厂及汽车研究院、格力空调、海尔工业园等一批重大项目相继建成投产，形成了新的增长点。

第四，工业效益提升。2012年规模以上工业企业实现利润645亿元，全员劳动生产率达到22.4万元/(人·年)，工业效益综合指数达到262.5%，总资产贡献率为12.6%。

第五，工业集聚水平提高。构建起“1+2+7+36”工业园区体系，两江新区建设全面启动，西永综合保税区、两路寸滩保税港区封关运行，高新区、经开区加快发展，万州工业园、长寿化工园升级为国家级经开区，36个特色工业园区加速发展，九龙、西彭、江津、南岸等工业园区成为国家新型工业化产业示范基地。

第六，工业创新能力大幅提升。拥有市级及以上企业技术中心及行业技术中心超过200家，企业R&D(研究和开发)支出达159.8亿元，占销售收入的比重为1.24%，专利授权2.04万件，其中发明专利授权数突破2426件，第三代移动通信、2兆瓦风电装备、智能胶囊、蛋氨酸等领域取得重大技术突破并实现产业化。

第七，民营、外资工业企业发展活力显著增强。2012年，民营工业完成销售收入9570亿元，外资工业实现销售收入1800亿元，工业制成品进出口总值509亿美元，完成对澳大利亚矿产、加纳铝土矿、霍尼威尔LED蓝宝石业务、英国精密机床集团等收购，工业“走出去”步伐加快。

第八，工业节能减排取得积极成效。2012年全市万元GDP能耗为0.89吨标准煤，工业固废综合利用率81.56%，并淘汰掉落后水泥和钢铁，完成重点企业环保搬迁和三峡库区工业废水治理项目。

总体来看，重庆工业已进入高速发展的阶段，工业增加值增速较快，电子信息产业发展速度呈直线上升，工业体系逐渐完善，并培养了一批高素质的人才。但还存在一些问题：①工业经济总量不大，对周边省市辐射带动作用相对有限，与成为西部地区增长极的要求有差距。②重庆的轻重工业比为3∶7，电子信息产业、工业金融、现代物流等生产性服务业发展不完善，面临着优化产业结构，推动工业转型升级，成为国家中心城市的要求。③工业布局有待优化，大部分的工业集中布局在主城九区，而区县工业发展较弱，特色不突出。对于缩小贫富差距、城乡差距、区域差距还要付出较大努力。④可持续发展能力有待进一步增强，面对工业增长刚性需求与能源制约矛盾日益加剧，以及国家要求污染物排放总量减少的环境约束，如何转变经济增长方式，提高科技水平和自主创新能力也是重庆工业发展面临的重大问题。

3.2　重庆工业经济发展趋势及特征

3.2.1　工业经济增长趋势

如图3-1所示，自2000年以来，重庆工业总产值逐年攀升，到2012年，工业总产值达到13 095.12亿元。但工业总产值增长速度却呈现出多个波峰，2000～2004年平稳上升，2005年跌到低谷；2006～2008年平稳上升，2009年又出现低谷现象，且2010年之后增速逐渐下降。这13年间，最高与最低增速相差25.22个百分点。

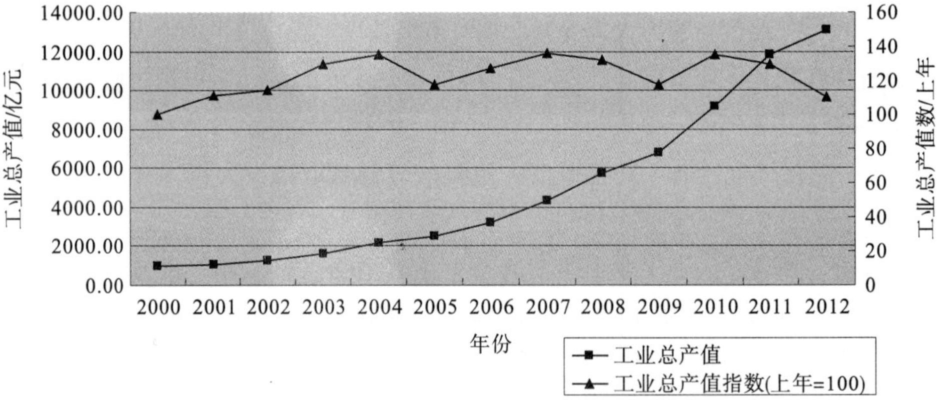

图3-1　重庆市工业总产值与工业总产值指数走势图

数据来源：2001～2013年《重庆统计年鉴》

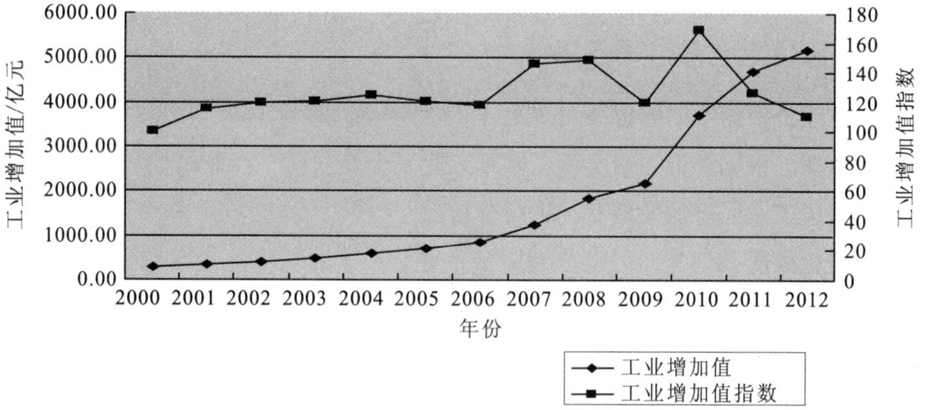

图 3-2　重庆市工业增加值与工业增加值指数走势图

数据来源：2001～2013 年《重庆统计年鉴》

如图 3-2 所示，重庆市工业增加值呈逐年递增的趋势，2000 年工业增加值只有 287.50 亿元，2007 年就过了千亿，到 2012 年工业增加值达到 5 181.01 亿元，增长了 18 倍。但增长速度却是处于高位震荡，起伏波动较大，平均增速为 26.03%，最高与最低增速相差 37.80 个百分点。由于受 2008 年金融危机的滞后影响，2009 年工业增速下滑，重庆工业也出现明显回落。

如图 3-3 所示，在收入方面，重庆市工业企业主营业务收入呈现良好发展态势，由 2000 年的 959.36 亿元增长到 2012 年的 12 880.32 亿元，增长了 13.4 倍。2012 年，全市利税总额 1 224.41 亿元，比上年增长了 5.2%，比 2000 年增长了 14.3 倍；其中利润总额 645.39 亿元，增幅较上年回落 29.6 个百分点。

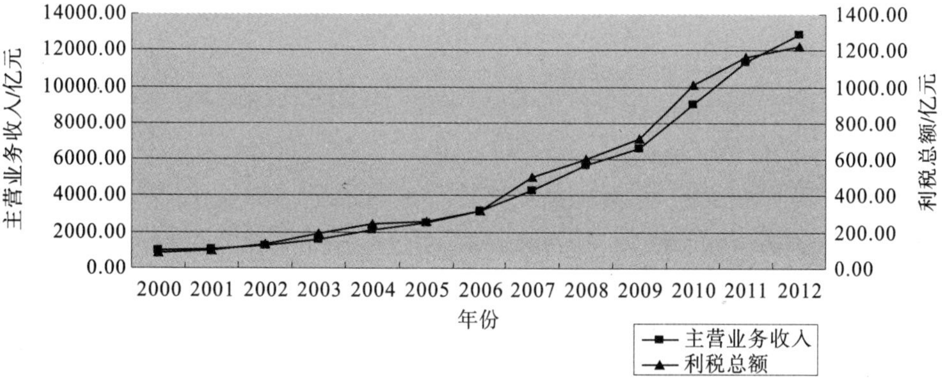

图 3-3　重庆市工业主营业务收入和利税总额走势图

数据来源：2001～2013 年《重庆统计年鉴》

3.2.2　工业经济结构变动

工业经济根据不同的标准可以有不同的分类，结合2011年、2012年的工业总产值数据，根据登记注册类型、轻重工业、企业规模、行业结构和区域结构等标准对重庆工业经济的发展状况进行分析。

按登记注册类型分，可以分为内资企业、港澳台投资企业和外商投资企业。对比2011年、2012年规模以上工业企业工业总产值情况，内资企业占据绝对主导地位，占比达到75%以上；港澳台投资企业占比趋于上升，由2011年的8.83%上升到2012年的11.22%；外商投资企业占比几乎不变，都在13%左右。

重庆市轻工业、重工业工业总产值比例为29∶71，保持不变，重工业化特征明显。

在大中小型企业结构方面，大型企业工业总产值比重有所上升，由2011年的44.58%上升到2012年48.02%；小型企业比重趋于下降，由2011年的27.31%下降到2012年的26.13%；中型企业工业总产值占比由27.72%下降到25.47%，微型企业工业总产值的占比基本保持不变。

在行业结构方面，重庆市工业主要涉及采矿业、制造业和电力、燃气及水的生产和供应业，三大行业占比为4∶91∶5，因此制造业主导地位明显。

表3-1　制造业细分行业占工业总产值百分比比重　　单位：%

制造行业细分	2011年	2012年
农副食品加工业	3.95	4.21
食品制造业	1.07	0.98
酒、饮料和精制茶制造业	1.04	1.03
烟草制品业	1.01	1.09
纺织业	1.48	1.30
纺织服装、鞋、帽制造业	0.55	0.65
皮革、毛皮、羽毛(绒)及其制品业	0.76	0.90
木材加工及木竹藤棕草制品业	0.22	0.21
家具制造业	0.51	0.49
造纸及纸制品业	1.11	1.36
印刷业、记录媒介的复制	0.54	0.56
文教体育用品制造业	0.13	0.20
石油加工、炼焦及核燃料加工业	0.40	0.42
化学原料及化学制品制造业	6.21	5.45
医药制造业	1.86	1.96

续表

制造行业细分	2011 年	2012 年
化学纤维制造业	0. 06	0. 02
橡胶和塑料制品业	2. 08	2. 38
非金属矿物制品业	5. 13	5. 22
黑色金属冶炼及压延加工业	6. 19	5. 01
有色金属冶炼及压延加工业	4. 23	3. 67
金属制品业	2. 37	2. 40
通用设备制造业	3. 76	3. 13
专用设备制造业	1. 65	1. 45
交通运输设备制造业	29. 26	27. 65
电气机械及器材制造业	5. 83	6. 06
通信设备、计算机及其他电子设备制造业	6. 88	11. 36
仪器仪表及文化、办公用机械制造业	0. 97	1. 02
工艺品及其他制造业	0. 63	0. 69
废弃资源和废旧材料回收加工业	0. 71	0. 26

数据来源：2012 ～2013 年《重庆统计年鉴》

从表 3-1 中可以看出，以 2012 年为例，交通运输设备制造业在制造业中占有绝对优势，在整个制造业中，占比达到 27. 65% 以上；除交通运输设备制造业之外，占比较大的制造业还包括通信设备、计算机及其他电子设备制造业（占比 11. 36%）、电气机械及器材制造业（占比 6. 06%）、化学原料及化学制品制造业（占比 5. 45%）、非金属矿物制品业（占比 5. 22%）和黑色金属冶炼及压延加工业（占比 5. 01%）。

在区域结构方面，2012 年，都市功能核心区、都市功能拓展区以及城市发展新区工业总产值 13095. 12 亿元，占全市工业总产值的 88. 7%，具有绝对优势；其次为渝东北生态涵养发展区，工业总产值 1100. 73 亿元，占全市工业总产值的 8. 4%；渝东南生态保护发展区工业总产值 379. 65 亿元，占比为 2. 9%。在区县方面，渝北区排名全市第一，工业总产值 1839. 37 亿元，占比为 14. 05%；其次为沙坪坝区，工业总产值 1349. 52 亿元，占比为 10. 31%；接下来依次为九龙坡区（占比 7. 78%）、涪陵区（占比 6. 64%）、南岸区（占比 5. 74%）、江津区（占比 5. 40%）；而最低的巫溪县工业总产值为 13. 36 亿元，占比 0. 10%；其次是巫山县 17. 58 亿元，占比 0. 13%，渝中区 17. 70 亿元，占比 0. 14%，奉节县工业总产值占全市工业总产值的 0. 15%，城口县占比 0. 18%。

3.2.3　工业经济效益变化

如图3-4所示，自2000年以来，重庆市工业增长迅速，工业经济综合效益指数保持上涨趋势，由2000年的87.1%上涨到2012年的262.50%，上涨了3倍。

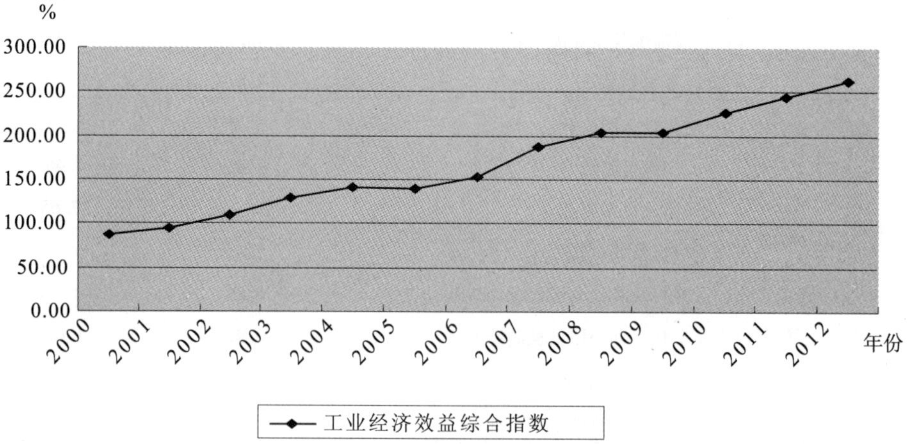

图3-4　重庆市工业经济综合效益指数走势图

数据来源：2001～2013年《重庆统计年鉴》

从表3-2可以看出，虽然综合经济效益指数逐年上升，但其各组成部分却呈现出不同的发展趋势。总资产贡献率与综合经济效益指数发展趋势一致，保持平稳上升趋势；资本保值增值率波动上升，且波动幅度较大，自2000年以来，最高与最低值相差16.7个百分点。在资产负债率方面，基本保持了逐年下降趋势；流动资产周转率呈现逐年上升趋势；在成本费用利润率方面，发展趋势向上，但各年变化较大；全员劳动生产率与综合经济效益指数变化趋势一致，呈逐年上升趋势；产品销售率均维持在97%以上，各年变化不大。

表3-2　重庆市工业综合经济效益指数细分

年份	总资产贡献率/%	资本保值增值率/%	资产负债率/%	流动资产周转率/次	成本费用利润率/%	全员劳动生产率/[元(人·年)]	产品销售率/%
2000	6.3	112.1	64.8	1.2	1.7	31081	99.1
2001	6.9	108.3	62.7	1.2	2.3	37750	97.9
2002	7.8	120.7	61.3	1.3	3.4	46464	98.1
2003	9.9	115.8	60.8	1.5	5.7	55957	97.8
2004	10.6	120.2	60.8	1.8	5.8	66148	99.9

续表

年份	总资产贡献率/%	资本保值增值率/%	资产负债率/%	流动资产周转率/次	成本费用利润率/%	全员劳动生产率/[元(人·年)]	产品销售率/%
2005	10.0	116.2	59.7	1.9	4.9	77511	98.8
2006	10.5	114.4	59.8	2.1	5.2	87750	98.4
2007	12.6	118.2	59.7	2.3	6.1	127993	97.1
2008	12.2	117.6	60.0	2.4	5.8	156167	98.0
2009	12.1	114.6	60.3	2.3	5.8	159484	98.3
2010	13.6	125	60.3	2.5	6.1	183031	98.1
2011	13.7	120.5	60.7	2.6	6.0	213463	97.4
2012	12.6	121.1	63.0	2.4	5.4	223843	97.8

数据来源：2001～2013年《重庆统计年鉴》

综合分析发现，除资本保值增值率和成本费用利润率外，其他五个指标变化趋势单一。资本保值增值率出现较大波动，说明重庆市工业企业的发展能力还不稳定，还有待进一步的提高；成本费用利润率波动剧烈，说明重庆市工业企业成本控制能力较弱，盈利能力受外界影响较大。

在总资产贡献率方面，2012年，外商投资企业(16.3%)高于内资企业(12.6%)；轻工业企业(18.0%)高于重工业(10.5%)；中(12.0%)、小(14.9%)型企业高于大型企业(11.4%)。按行业分，烟草制品业总资产贡献率最高，达到111.1%，而全市规模以上工业企业总资产贡献率仅12.3%；其次为皮革、毛皮、羽毛及其制品业，总资产贡献率为40.4%；有色金属矿采选业总资产贡献率达到32.7%。水的生产与供应业总资产贡献率最低，为4.8%，其余总资产贡献率仍较低的有黑色金属矿采选业(5.2%)，通信设备、计算机及其他电子设备制造业(5.8%)，电力、热力的生产和供应业(5.9%)等行业。总资产贡献率是作为衡量企业获利能力的指标的，因此，外资企业获利能力明显高于内资企业，轻工业企业高于重工业企业，中小型企业高于大型企业。

在资本保值增值率方面，2012年，港澳台投资企业(116.4%)和内资企业(108.2%)明显高于外商投资企业(98.2%)；轻工业企业(123.9%)略高于重工业企业(110.6%)；中(120.9%)、小(124.2%)型企业高于大型企业(106.0%)。按行业分，文教体育用品制造业资本保值增值率最高，达257.6%，比全市平均值高143.6个百分点。其次为木材加工及木竹藤棕草制品业(195.4%)、纺织服装、鞋、帽制造业(132.7%)、电气机械及器材制造业(131.6%)、家具制造业(130.6%)、通信设备、计算机及其他电子设备制造业(130.5%)；废弃资源综合利用业全行业最低，只有82.7%，比全市平均水平低31.3个百分点；黑色金属矿采选业为83.2%，低于均值30.8个百分点；有色金属冶炼及压延加工业资本保值增长率95.1%，低于均值18.9个百分点。资本保值增值率衡量了企业或产业的发展能力，因此港澳台投资企业和内资企业的发展能力明显高于外商投资企业，中小型企业发展能力也要高于大型企业。在产业方面，木材加工及木竹藤棕草制品业、纺织服装、鞋、帽制造业、电气机械及器材制造业、家具制造业企业发展能力远远高于全市平均水平，废弃资源综合利用业、黑色金属矿采选业、有色金属冶炼及压延加工业企业发展能力远低于全市工业企业平均水平。

在资产负债率方面，2012年，内资企业经营策略相对保守，资产负债率低于外资企业；重工业企业资产负债率高于轻工业企业9.5个百分点；大型企业资产负债率高于中小型企业。按行业分，废弃资源综合利用业企业资产负债率最高，达到91.7%，高于全市工业企业平均水平31.4个百分点；其次为有色金属矿采选业(81.2%)和通信设备、计算机及其他电子设备制造业(79.9%)。文教体育用品制造业资产负债率最低，仅为16.0%，低于全市平均水平44.3个百分点；化学纤维制造业、石油和天然气采矿业资产负债率也较低，分别为29.2%和33.0%。资产负债率大致衡量了企业的经营风险，资产负债率越高，风险越大；资产负债率越低，风险越小。因此，废弃资源综合利用业、有色金属矿采选业和通信设备、计算机及其他电子设备制造业经营风险较大，而文教体育用品制造业、化学纤维制造业、石油和天然气采矿业风险相对较小。

在流动资产周转率方面，2012年，外商投资企业流动资产周转率快于内资企业和港澳台投资企业，轻工业企业快于重工业企业，小型企业快于大中型企业。皮革、毛皮、羽毛(绒)及其制品业流动资产周转率最快，年周转达到6.5次，高于全市平均水平的4.1次；其次为农副食品加工业，流动资产周转率为5.9次每年；纺织业流动资产周转也较快，年周转达到5.2次。流动资产年周转率较低的行业依次为水的生产和供应业(0.7次)、仪器仪表及文化、办公用机械制造业(1.2次)和有色金属矿采选业(1.3次)。流动资产周转率衡量了企业的再生产循环速度，流动资产周转率越快，企业的再生产循环速度越快。因此，外商投资企业再生产循环速度快于港澳台投资企业和内资企业，轻工业企业快于重工业企业，小型企业快于大中型企业。在行业方面，皮革、毛皮、羽毛(绒)及其制品业再生产循环速度最快，水的生产与供应业再生产循环速度最慢。

在成本费用利润率方面，2012年，内资企业明显高于港澳台投资企业和外商投资企业，轻工业企业高于重工业企业，小型企业高于大型企业和中型企业。水的生产与供应业成本费用利润率最高，达到18.9%，高于全市平均水平13.5

个百分点；其次为烟草制品业（18.8%）和文教体育用品制造业（17.1%）。黑色金属冶炼及压延加工业成本费用利润率最低且为负值，为-7.3%，可见整个行业处于亏损状态；成本费用利润率较低的还有废弃资源综合利用业（-0.2%）、通信设备、计算机及其他电子设备制造业（1.4%）、和有色金属冶炼及压延加工业（1.5%）。成本费用利润率揭示了企业降低成本获得的经济效益，因此，内资企业的经济效益要好于港澳台投资企业和外商投资企业，轻工业要好于重工业，小型企业要好于大型企业和中型企业。在行业方面，水的生产与供应业、烟草制品业和文教体育用品制造业降低成本获得的经济效益明显高于其他行业，而黑色金属冶炼及压延加工业、废弃资源综合利用业、通信设备、计算机及其他电子设备制造业和有色金属冶炼及压延加工业降低成本获得的经济效益则明显低于全市平均水平。

在全员劳动生产率方面，2012年，外商投资企业高于港澳台投资企业，港澳台投资企业高于内资企业；重工业企业高于轻工业企业；大型企业高于小型企业，小型企业高于中型企业。分行业看，烟草制品业全员劳动生产率最高，为2175488元/(人·年)，比全市平均水平高1951645元/(人·年)；全员劳动生产率排名靠前的还有废弃资源综合利用业[610286元/(人·年)]、电力、热力的生产和供应业[518904元/(人·年)]和通信设备、计算机及其他设备制造业[409977元/(人·年)]，全员劳动生产率比较低的有煤炭开采和洗选业[126588元/(人·年)]、化学纤维制造业[134199元/(人·年)]和纺织服装、鞋、帽制造业[135177元/(人·年)]。

在产品销售率方面，2012年，外商投资企业高于港澳台投资企业，港澳台投资企业高于内资企业；重工业企业高于轻工业企业；大型企业高于中小型企业。按行业分，产品销售率较高的行业有石油加工、炼焦及核燃料加工业（104.7%）、黑色金属冶炼及压延加工业（100.4%）和家具制造业、燃气生产和供应业（99.6%），产品销售率较低的行业有黑色金属矿采选业（86.9%）、纺织服装、鞋、帽制造业（91.3%）和电气机械及器材制造业（94.4%）。

因此，综合分析各种类型的企业发现，内资企业在发展能力、降低成本获得的经济效益和管控经营风险方面较好，而在获利能力、劳动生产率和产品销售率方面不及外商投资企业。轻工业企业在获利能力、发展能力、再生产循环能力和降低成本获得的经济效益上占有比较优势，而重工业企业则在劳动生产率和产品销售率上优于轻工业企业。中小型企业的劳动生产率和产品生产率不高，但在获利能力、发展能力和降低成本获得的经济效益上占有优势，大型企业的再生产循环能力和发展能力明显不足，但在生产率上强于中小型企业。

文教体育用品制造业在发展能力、降低成本获得的经济效益和管控经营风险方面均较好；通信设备、计算机及其他电子设备制造业获利能力有限，经营风险较大，降低成本获得的经济效益不高，发展能力和再生产循环能力较好；烟草制品业获利能力强，降低成本获得的经济效益好，劳动生产率也高，这与该行业的垄断经营有着紧密关系；有色金属矿采选业获利能力较强，但经营风险较大，再生产循环能力不强；废弃资源综合利用业劳动生产率较高，但其发展能力、降低成本获得的经济效益不好，经营风险也较大；纺织服装、鞋、帽制造业的劳动生产率和产品销售率较高，发展能力较好，再生产循环也较快，因此行业发展潜力巨大。重庆市工业的支柱产业交通运输设备制造业各项经济效益指标均处在全市中等水平。

3.3　重庆工业重点产业发展状况

重庆是中国六大老工业基地之一，工业基础雄厚，门类齐全，综合配套能力强。近年来，重庆通过引进新兴产业、改造传统产业，扭转了支柱产业单一的局面，产业结构趋于合理。2012 年，重庆规模以上工业增加值增长 16% 以上，比全国高出 6 个百分点，工业利润增长 10%，综合能耗下降 1.8%。目前重庆已形成汽车摩托车产业、装备制造业、资源加工业、高新技术产业四大支柱产业。

3.3.1　汽车摩托车产业

直辖十多年来，市委、市政府以打造中国“汽车名城”和“摩托车之都”为战略目标，不断做大做强汽摩产业。2012 年，重庆生产汽车 184.46 万辆，占全国总产量的 9%；生产摩托车 877.51 万辆，占全国总产量的 33.8%，遥遥领先于西部各省市。汽摩产业成为带动全市工业经济全面、快速、健康发展的“火车头”。

1. 汽车产业

汽车产业的发展水平在一定意义上是衡量一个国家工业水平、经济实力和科技创新能力高低的重要标志之一。重庆市汽车工业是全市工业经济最强有力的支撑。2012 年，重庆市汽车制造业的工业总产值达到 2390 亿元，占规模以上工业企业总产值的 18.26%，销售产值 2353 亿元，实现利税 252 亿元，从业人员平均人数 22.72 万人。据重庆经信委发布的数据显示，2013 年 3 月，重庆汽车制造业完成 259 亿元，同比增长 14.7%。其中，汽车整车 156 亿元，同比增长 9%，专用车 10 亿元，同比增长 21.8%，汽车零部件 92 亿元，同比增长 25%。全市汽车产销 19.7 万辆和 18.3 万辆，同比增长 8% 和 8.7%。经过多年的发展，重庆市初步建立起完善的汽车生产体系，汽车产品品种齐全。商用车从载质量 0.5 吨的微型货车到载质量 20 吨以上的重型货车，从载人数 7 人以下的微型客车到 60 人以上的大型客车，基本实现了所有细分市场的全面覆盖。长安汽车股份公司是国家重点培育的四大汽车集团之一，2011 年汽车产量超过 200 万辆，全国排名第四位。整车的快速增长也带动了汽车配套产业的发展。2011 年，重庆市汽车零部件企业超过 1000 家，完成销售收入 861 亿元，汽车零部件本地配套率达到 67%，已形成发动机、变速器、制动系统、转向系统、车桥、内饰系统、空调等各大总成生产能力。但产品结构不尽合理，价值和利润较低的交叉型乘用车占比过高，附加值和效益较低。而且零部件发展落后于整车，很多技术含量较高的关键零部件还要靠市外采购。

2. 摩托车产业

重庆是我国最大的摩托车生产和出口基地。2013 年 3 月，摩托车制造业完成 90 亿元，同比增长 3.6%。其中，摩托车整车完成 43 亿元，同比增长 3.6%，摩托车零部件完成 47 亿元，同比增长 3.7%。全市摩托车产销 68.3 万辆和 66.3 万辆，同比分别下降 0.8% 和 3.8%，而全国摩托车产销 200 万辆和 204 万辆，产销分别同比下降 4.6% 和 1.5%。由于重庆雄厚的工业基础，不仅有技术水平，还有人才储备，加上嘉陵、建设等几大军工巨头在中国摩托车行业的领头作用，使重庆的摩托车比较容易得到市场的认可。并且，重庆特有的山地地势，交通不发达，使得人们更需要摩托车这一快捷灵活的交通工具。调查显示，摩托车已成为广大城乡居民最常使用的交通工具之一。长时间的发展使得重庆形成了“2+3”式(两大国有企业，三大民营企业)的摩托车行业格局，构架起重庆在中国摩托车行业里的坚实领导地位。2012 年的中国摩托车行业产销排行榜，进入前十之列的重庆企业就有 5 家，隆鑫第 2 名、力帆第 3 名、宗申第 6 名、建设第 8 名、嘉陵第 9 名。这五家企业总销量是 645.85 万辆，占行业总量的 27.3%；在营业收入和利润方面，力帆、隆鑫、宗申处于前列，其他两大家企业表现也非常突出。重庆的产销量是中国摩托车三大板块之首，占全国摩托车产销量的 35% 左右，而江浙板块、广东板块的占有率分别为 25% 和 30%。重庆的摩托车配件企业也很多，目前已经有具相当规模的企业，如渝江压铸、秋田齿轮等，有的资产超过 10 亿。大大小小的 1000 多家摩托车配件厂，构成了国内规模最大、品种最齐全的摩托车配套基地。力帆、宗申、隆鑫等民营摩托车企业 60% 的配件均已是自己生产。重庆的摩托车产业结构也进一步优化，产业可持续发展的优势比较明显，但在质量控制和新产品开发上还需进一步努力，以保持国内领先地位。

3.3.2　装备制造业

装备制造业是为国家经济建设提供各类技术装备的战略性基础产业，产业关联度高，吸纳就业能力强，技术资金密集，是地区工业整体水平和国家综合实力的集中体现。重庆作为国家的老工业基地之一，有着发展装备制造业的良好基础和有利条件。“十一五”期间，在一系列振兴装备制造业政策措施的推动下，装备制造业发展进一步加快，结构更趋合理，自主创新能力进步加强，技术水平和行业整体竞争能力得到全面提升，经济效益显著提高，在支撑和带动全市工业经济发展上起到了重要的作用。如表 3-3 所示，2012 年，重庆装备制造业规模以上企业工业总产值 4557 亿元，占全市工业总产值的 34.8%，装备制造业实现利税 323 亿元，实现利润 216 亿元，全员劳动生产率 23.4 万元/(人·年)，装备制造业现有企业技术中心 77 家，占全市的 42.1%，国家级技术中心 10 家，占全市的 58.8%。各重点产业也得到了进一步发展，如表 3-3 所示，通信设备、计算机及其他电子设备制造业工业总产值 1487 亿元，全员劳动生产率 40.9 万元/(人·年)；铁路、船舶、航空航天和其他运输设备制造业工业总产值 1230 亿元，利税总额 63.8 亿元。

表 3-3　2012 年重庆市装备制造业经济分析

行业	单位数/个	工业总产值/万元	工业销售产值/万元	利税总额/万元	利润总额/万元	全员劳动生产率/[元/(人·年)]
装备制造业	1479	45574656	44279774	3229045	2163562	233964
金属制品业	189	3138699	3077950	305372	206965	193756
通用设备制造业	243	4095911	3994522	495619	344998	205454
专用设备制造业	142	1894023	1865195	250013	177891	234857
铁路、船舶、航空航天和其他运输设备制造业	513	12301193	11995329	1038475	638590	181453
电气机械及器材制造业	206	7933866	7492477	678137	510518	261594
通信设备、计算机及其他电子设备制造业	105	14873700	14554148	317378	193610	409977
仪器仪表及文化、办公用机械制造业	81	1337264	1300153	144051	90990	150662

数据来源：2013 年《重庆统计年鉴》

重庆装备制造业已逐步形成门类齐全、具有相当规模和水平的装备制造体系。汽摩产业品种多样，摩托车及配件市场占有率全国第一，长安、庆铃、福特、铃木、力帆、隆鑫、宗申、嘉陵等知名企业云集重庆；仪器仪表制造业形成了门类最为齐全的研产体系，是全国第二大仪器仪表生产基地，工业自动化仪表和控制系统、分析仪器及成套系统等各类高灵敏度的传感元器件处于国内领先地位，主要企业有四联集团、横河川仪、前卫仪表、宇通等；船舶制造业为我国内河最大规模，机床工具及环保设备制造业、大型输变电设备和水电设备制造业等都处于全国领先位置；ABB 公司的 500kV 大型超高压变压器世界领先；齿轮加工、通用电机优势突出，重庆机床集团是目前世界上规模最大、生产量最大的滚齿机制造商。同时以主城区工业园为依托的内燃机研发生产、环保设备、轨道交通、风电制造等产业聚集带雏形逐步显现。但目前，重庆的装备制造业以中低端产品为主，高端产品大多缺乏核心技术，自主创新能力不强；还没有形成以大型单机制造为核心、“整机+配套”的产业集群，成套能力薄弱；基础产业水平落后，依然没有摆脱粗放型增长方式。

3.3.3 资源加工业

1. 化学工业

化学工业是国民经济重要的基础产业，经济规模大，产业关联度高，产品广泛应用于汽车、装备、轻工、纺织、建材等各个行业领域。经过六十多年的发展，重庆市化学工业门类较齐全、产品种类较多，已形成一定的规模，基本形成了长寿、涪陵两大化工基地和万州等特色化工集中区，初步实现天然气化工、石油化工、氯碱化工等产业耦合发展，为化学工业的进一步加速发展奠定了坚实基础。但产业结构不合理，能耗仍然偏高。

2. 材料工业

材料工业是衡量经济社会发展水平和综合实力的重要标志，也是重庆市传统优势产业和支柱产业。“十一五”时期，通过组织实施重钢环保搬迁、西南铝高端用材技改、锰材料整合、高端金属结构材料和特种金属功能材料研制、新型干法水泥推广、玻璃纤维池窑技术提升与产业化、墙体材料革新以及材料工业节能减排等一批重大项目，行业整体的水平、质量、规模、效益得到显著提升。但材料行业产业链发展不均衡；研发投入少，技术创新能力不足；受国内国外环境影响，行业效益下滑，行业综合竞争力有待进一步加强。

3. 消费品工业

轻工、纺织、医药及医疗器械等都是典型的消费品工业，也是重庆市传统特色产业，直接关系国计民生，是统筹城乡、繁荣市场、扩大就业的重要力量，是工业反哺农业、制造业促进服务业的关键。“十一五”以来，重庆市消费品工业发展速度显著加快，行业结构明显优化。轻工业中，随着造纸业的迅速发展，扭转了食品“一业独大”的产业结构；纺织工业已形成服装、棉纺织和其他类纺织品“三分天下”的格局；医药及医疗器械工业基本形成中成药、化学原料药、化学药制剂“三足鼎立”的产业结构。玖龙纸业、理文纸业、山东如意、北大国际医院集团、葵花药业、智飞生物、华兰生物等行业龙头相继落户重庆市，重庆烟草、太极集团等本土企业加速做大。但消费品工业经济规模不大，轻工、纺织、医药及医疗器械均不同程度地存在产品结构不适应消费升级需要的问题；在装备、投入、人才等多种因素的制约下，企业创新能力不强。

4. 能源工业

能源工业是经济社会发展的基础保障，在国民经济中具有不可替代的作用。近年来，在市委、市政府的正确领导下，全市能源工业取得了极大发展，辖区内能源资源开发利用能力得到了很大提高，与周边省份的能源战略合作进一步加强，以电力为中心、煤炭为基础、天然气为补充的能源保障体系初步形成。但重庆市能源资源有限，“贫煤少水，富气无油”，属于一次能源匮乏地区。面对经济的快速增长，能源和环境成为重庆市发展面临的刚性约束。

3.3.4 高新技术产业

电子信息产业是国民经济的战略性、基础性、先导性产业，对于拉动经济增长、调整产业结构、转变发展方式具有十分重要的作用。2012 年，重庆以提高经济增长的质量和效益为中心，大力发展电子信息、高端装备、电子及通信设备、节能环保等产业，推动了重庆高技术产业的快速发展。2012 年全市高新技术产业完成总产值3266.15 亿元，同比增长 33.5%，实现主营业务收入3132.73 亿元，同比增长 41.4%，实现增加值 809.12 亿元，占全市工业增加值的 15.6%，占全市地区生产总值(GDP)的 7.1%。

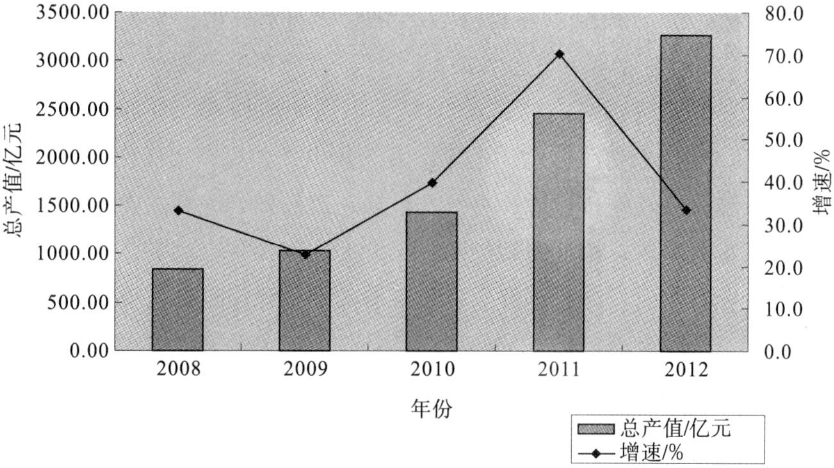

图 3-5　2008 ～2012 年重庆市高新技术产业总产值增长情况

数据来源：2009 ～2013 年《重庆统计年鉴》

重庆大力实施创新驱动战略，不断加强重庆基础配套设施建设，积极开展招商引资工作，吸引众多的港澳台商和外商来渝投资兴业。2012 年，港澳台商投资企业和外商投资企业共实现产值 1532. 64 亿元，创历史新高，占全市高新技术产值的 46. 9%。其中，港澳台商投资企业实现总产值 1017. 03 亿元，同比增长 93. 9%；外商投资企业实现总产值 515. 61 亿元，同比增长 42. 4%。大量的投资促使重庆高新技术产业形成了“品牌+代工+配套”的“5+6+500”产业体系和“研发+制造+结算”的发展模式，惠普、宏碁、华硕、东芝、富士通五大品牌，广达、富士康、英业达、仁宝、纬创、和硕六大代工企业分别布局西永综合保税区和两路寸滩保税港区，500 余家零部件企业聚集璧山、铜梁、永川、江津等区县①，引进了惠普、华硕、佳杰、贝宝结算中心和惠普、宏碁研发中心等。这也大大带动了周边计算机配套产业的发展，2012 年电子计算机及办公设备制造实现总产值 1232. 45 亿元，同比增长 93. 6%，占高技术产业产值的比重由 2011 年的 25. 9% 提高到 2012 年的 37. 7%，电子信息产业的集群聚集效应明显。电子信息产业拉动高新技术产业总产值增长 25. 6%，对高新技术产业总产值增长的贡献率达到 63. 7%，成为重庆高新技术产业发展的新亮点，是重庆高新技术产业的第一大支柱产业。电气机械器材及专用设备制造业、化学原料及化学制品制造业、电子及通信设备制造业通过产业转型升级，也实现了较好较快发展，成为重庆高新技术优势产业。2012 年，电气机械器材及专用设备制造完成总产值 650. 08 亿

① 国务院国函［2014］58 号《国务院关于同意重庆市调整部分行政区划的批复》同意重庆市璧山县和铜梁县撤县设区，璧山县和铜梁县均于 2014 年升格为区。

元，同比增长20.2%，占全市高新技术产值的19.9%；化学原料及化学制品制造完成总产值355.60亿元，同比增长12.6%，占全市高新技术产值的10.9%；电子及通信设备制造完成总产值326.75亿元，同比增长47.3%，占全市高新技术产值的10.0%，增长势头强劲。但是，重庆市电子信息产业结构单一，笔记本电脑行业一枝独秀，其他行业规模小，并且缺乏产品知名度高的龙头企业和具有较强带动性的重大项目；企业R&D投入强度低于全国平均水平，部分产品技术含量不高，企业技术研发体系不健全；公共服务平台建设也还需要进一步推进和完善。

第 4 章　重庆工业可持续增长能力综合评价

4.1　工业可持续增长能力评价方法与准则

4.1.1　评价方法

工业可持续增长是一个宏观的概念，它涉及社会经济发展的各个方面，所以工业可持续发展评价是一个具有层次性的多指标综合评价。为了得到客观有效的评价结果，本书采用层次分析法(AHP)和灰色关联分析法相结合的综合评价方法对重庆市工业可持续增长能力进行评价。

层次分析法(the analytic hierarchy process，AHP)是 20 世纪 70 年代初期由美国匹兹堡大学教授萨蒂(Satty T L)在为美国国防部研究“根据各个工业部门对国家福利的贡献大小而进行电力分配”课题时，提出的一种层次权重决策分析方法。这种方法的特点是在对复杂问题的本质、影响因素及其内在关系等深入分析的基础上，利用少量的信息使分析的思维过程数学化，从而为多目标、多准则或无结构特征的复杂问题提供简便的分析方法，尤其适合于对问题的结果难于直接计量的评价。

但是，在使用 AHP 方法的过程中，无论是建立层次结构还是构造判断矩阵，都有可能存在着专家或决策者的主观判断、选择偏好、经验等方面的影响。由于这些主观方面的影响，产生了对评价事物的非客观认识，就会造成决策者对于决策问题的本质、相关要素之间的逻辑关系的歪曲理解。这时使用 AHP 法进行评价的结果就可能是不真实的。

而灰色系统理论中的灰色关联分析方法是用来描述系统因素之间相互关系的大小、强弱的一种多因素比较分析法。其最大的特点就是对于描述问题的样本容量没有严格要求，并且不要求服从任何分布，特别适合只有少量观测数据的问题研究。但是往往指标之间存在不同的重要度，如果忽略这种重要程度的影响，其评价结果是不准确的。并且，在灰色关联分析中参考序列选择的不合理会影响最终评价结果的准确性。

鉴于 AHP 法与灰色关联分析法的优缺点，本书对工业可持续增长能力评价的思路是：根据重庆市工业发展的实际情况，建立重庆市工业可持续增长能力评价的指标体系。通过使用 AHP 法构造工业可持续增长的判断矩阵，并根据判断矩阵计算出各级评价指标的权重，再利用灰色关联分析法计算出指标层的灰色关联系数矩阵，将得出的权重与相应的关联系数相乘得到的关联度作为评价工业可持续能力的标准。这样既克服了 AHP 法的主观性缺陷，又充分体现了各评价指标的重要程度，使最终的评价更加客观准确。

4.1.2 基本原则

工业是国民经济发展的支柱产业，工业的可持续发展对于国民经济结构调整、产业结构优化与升级具有深远意义。为了客观、真实、全面地评价重庆市工业可持续的发展水平，在符合各种绩效评价要求的同时，本书认为工业可持续增长评价指标体系的构建首先应该遵循以下基本原则。

1. 宏观性原则

工业可持续增长能力评价，要着眼于从工业经济的全局出发，结合地方工业经济发展的长远规划、主体功能区定位、产业结构调整等相关政策。因此，工业可持续增长能力评价是一个宏观评价，在对其进行评价时应尽量选取宏观指标。

2. 客观性原则

在对工业可持续增长能力进行评价时，要遵循客观性原则。在评价指标的选择和权重的确定上常常需要专家依据丰富的实践和理论经验加以判断，这就需要专家以客观、公正的立场和科学合理的方法加以判断，使得绩效评价工作不受主观和偏见影响。

3. 科学性原则

科学性原则要求在对工业可持续增长能力进行评价时，指标的选取与优化、指标权重的确定都必须建立在科学的基础上。不仅能够准确反映重庆市工业可持续发展的现状，而且所选取的指标要有明确清晰的经济意义。另外应该尽量避免指标数据的重叠，保持一致的统计口径，以便于客观真实地反映重庆市工业可持续增长水平。

4. 可行性和可操作性原则

目前，国内从不同视角反映工业可持续的指标有很多，存在相互重复、相关性很高等问题。因此，在构建重庆工业可持续增长指标体系时，必须遵从可行性原则。即要求所选用的指标及数据要有真实可靠的资料来源，可实际计算并用来进行分析评价，尽量直接利用统计部门公开发布的统计资料或利用这些资料进行的科学推算，在尽可能科学、客观、合理的基础上，兼顾指标的实用性和可操作性。在指标的选取上，既要保证全面反映工业可持续发展的各种内涵，又要立足重庆工业发展的现状，减少繁琐性，增大可操作性，便于数据的采集和计算。

5. **系统性原则**

工业可持续发展是一个系统性的概念，不仅涉及地区经济的各个方面，而且涉及社会稳定、科技进步、文化传播、环境保护等方面的内容。因此，在构建工业可持续增长评价指标体系时，必须从系统性角度出发，不但要涵盖反映工业可持续发展主要特点的指标，还要体现工业可持续发展指标之间的内在联系，从而使所选指标具有高度概括性。

6. **动态性原则**

工业可持续发展是一个动态与静态有机结合、协调统一的过程。评价指标应尽量选取既能够量化又能系统描述的动态指标，以实现对工业可持续的动态评价。另外，工业可持续发展是一个不断优化与改进的过程，评价指标应随着经济发展形势和客观条件加以调整，以综合反映工业可持续发展的现状和趋势。

7. **层次性原则**

工业可持续发展评价是一个大型的系统评价，这个大型的系统可以分解成若干个子系统，因此应该在不同层次上选用不同的评价指标，这样更有利于决策者在不同层次上对经济、社会、资源环境、科技进步之间的协调发展进行调控。

除了上述原则以外，评价指标的选取还必须遵循代表性原则、可比性原则、创新性原则、完备性原则、定性与定量相结合原则、政策导向性原则等。

4.2　工业可持续增长能力评价指标体系

4.2.1　指标选取

考虑到重庆市工业可持续增长评价是一个宏观概念的评价，同时可持续发展评价又是由若干要素组成的错综复杂的大系统，因此对其评价也是一个多指标综合评价。关于工业可持续发展的指标，目前明确的指标体系较少，但是可以借鉴从不同视角和具体行业建立的工业可持续发展指标。周德群和汤建影从发展水平和协调水平角度探讨了能源工业可持续发展的内涵，设计出由能源发展水平、能源工业发展水平、环境发展水平、人口和社会发展水平等6个一级指标，23个二级指标构成的能源工业可持续发展体系。胡晶姝根据我国实际国情以及我国煤炭工业自身的特点，从社会、经济、资源和生态环境四个方面出发，选取了26个衡量指标，构建了我国煤炭工业可持续发展评价指标体系。王茜基于科技进步视角，设计了由经济、社会、环境三个子系统作为一级指标，经济规模、经济效益、经济结构、人口就业、生活质量、社会保障、自然状况、生态状况8个二级指标分解成29个三级指标的区域工业可持续发展指标体系框架。朱颖超以我国的基本国情和石油工业的现状为出发点，通过借鉴国内外可持续发展，特别是工业可持续发展评价指标体系的框架、结构和指标设置，突出我国石油工业发展的基本特征，构建了包括资源、经济、社会和生态环境4个方面66个指标的我国石油工业可持续发展评价指标体系。安梅梅和龚新蜀建立了基于资源环境约束条件下，由工业可持续发展综合实力、社会与工业发展的协调性、资源利用、生态环境状况4个子目标以及14个评价指标层组成的新疆工业可持续发展评价指标体系。

本书在深入研究后，选取了包括经济发展能力、技术创新能力、人力资源配置能力、信息化能力、环境承载能力、资源利用能力六大指标体系。这些指标在时间上反映了工业经济的发展速度和趋向，在空间上反映了工业经济的整体布局和产业结构，在数量上反映了工业经济的规模，在层次上反映了工业经济的功能和水平。

1. 经济发展能力指标

本书认为经济发展是重庆市工业可持续发展的动力源泉，重庆市工业可持续发展的核心是经济发展，只有经济发展才能为技术创新、人力资源配置、信息化、环境保护、资源利用提供充足的资金和技术支持，从而实现整个社会的可持续发展。根据2012年《工业化蓝皮书》记载，重庆市工业正处于工业化后期的前半阶段，工业已经成为重庆经济发展的第一驱动力。所以重庆工业经济的增长不仅仅是数量规模的扩张，也是工业质量的显现。因此，经济发展能力对重庆工业的可持续发展起着至关重要的作用。通常对一个区域的工业经济发展的衡量可以从经济结构、经济规模、经济效益和工业产品竞争力4个方面来考察。

本书选取规模以上工业增加值占GDP比重、消费率、工业制成品出口额占出口总额比重、第一产业从业人员占全社会从业人员比重4个指标来衡量经济结构。规模以上工业增加值占 GDP 比重是反映经济结构中工业占比的重要指标。消费率和工业制成品出口额占出口总额比重分别从对内和对外需求两个角度对经济结构进行描述。第一产业从业人员占全社会从业人员比重是从就业结构来反映经济结构的重要指标。在经济规模方面，选取第二产业产值占 GDP 比重、工业总产值、城镇化率、人均 GDP 四个指标来衡量。第二产业产值占 GDP 比重和工业总产值是反映地区工业发展进程最直接的指标，随着工业化阶段的改变，地区总体经济规模将不断扩大，工业总产值随之增加，但第二产业产值占 GDP 比重将越来越小。人均 GDP 指标直接反映一国或地区的工业化水平或发展阶段。根据国际通用的划分标准，一般认为城镇化率达到 60% 以上才称得上是工业化国家或地区。而在经济效益方面选取工业成本费用利润率、工业增加值率、工业经济效益综合指数、总资产贡献率、资产负债率、规模以上工业利税总额 6 个指标来衡量。工业成本费用利润率是指在一定时期内实现的利润与成本费用之比，是反映工业生产成本及费用投入的经济效益指标，同时也是反映降低成本的经济效益的指标。而工业增加值率是指在一定时期内工业增加值占工业总产值的比重，反映降低中间消耗的经济效益指标。工业经济效益综合指数指标是反映工业经济运行质量的总量指标。总资产贡献率、资产负债率、规模以上工业利税总额 3 个指标用来反映企业资本结构运营的优良状况及承担社会义务的能力。对于工业产品竞争力，采用工业产品销售率、工业销售收入占全国工业销售收入比重这 2 个指标来反映重庆市工业产品的市场竞争能力。

2. 技术创新能力指标

早在 1988 年，邓小平就根据当代科学技术发展的趋势和现状提出“科学技术是第一生产力”的论断。可见，科学技术一旦渗透和作用于生产过程中，便成为现实的、直接的生产力。当前人类社会面临的两个最大问题就是资源的有限性和环境污染的加剧。所以，为了实现工业的可持续发展目标必须要在科学技术上下工夫。工业是重庆市经济发展的主导产业，而制造业又占据了重庆市工业的大部分，为实现重庆工业的可持续发展，必须对传统制造业进行技术改造，这就必须依托于技术创新。技术创新是利用先进的科学技术和信息化成果对传统的、落后的生产方式进行改进，提高产品科技含量和市场竞争力，促进工业产品更新换代，从而达到产业结构优化升级，最终达到可持续发展目标。本书从产业科技含量和科技创新能力两个方面来衡量重庆工业的技术创新能力。在产业科技含量方面本课题选取新产品产值率、技术密集型产业产值比重、高新技术产业产值占工业总产值比重 3 个指标来衡量。新产品产值率用来描述新产品产值占企业产品总产值的比率，它反映地区技术创新和研发的水平及科研成果的转化能力。技术密集型产业产值比重、高新技术产业产值占工业总产值比重2个指标反映重庆工业发展的科技含量、现代化程度以及高新技术产业发展状况和采用高新技术改造提升传统产业的水平。在科技创新能力方面选取专利数、技术成果成交额、研发经费占GDP的比重3个指标来衡量。专利数、技术成果成交额是指一定时期内，一个国家或地区在技术创新活动中产出的专利数目或技术成果数目。一定程度上反映自主创新能力。而研发经费占GDP的比重可以从一个侧面反映科技进步和地区科技活动经费投入的水平。

3. 人力资源配置能力指标

人力资源是社会资源中最关键的资源，是对经济发展有重大影响的资源。人力资源配置是指为了提高工作效率，对人力资源进行有效的开发、配置、调节和利用以达到最优化，进而促进地方工业可持续发展的过程。随着全球化和信息化的发展，各个国家和地区都在强调提高劳动者的积极性与生产效率，即在大力积累人力资本的基础上对其进行合理的开发、配置、管理和利用，以促进地区的经济增长和综合实力的提高。从重庆市经济社会发展的现状来看，重庆市拥有丰富的人力资源。如何充分发挥人力资源优势，提高人力资源素质是实现工业可持续发展的关键。本书认为重庆市人力资源配置应该在充分考虑到劳动力数量庞大的基础上，兼顾劳动密集型产业和技术密集型产业关系的处理，即在充分发挥人力资源优势的同时，着眼于合理安排就业，提高劳动生产率，以促进工业经济的发展。基于以上分析选取了城镇登记失业率、工业从业人员占社会从业人员比重、技术密集型从业人员比重、劳动密集型从业人员比重、教育经费占GDP比重、高等教育毕业人数占人口总数比重、科技活动人员比重、工业劳动生产率8个指标从人力资源水平和人力资源素质两个方面对人力资源配置能力进行衡量。在人力资源水平方面，城镇登记失业率是反映城镇人力资源的相对利用状况。工业从业人员占社会从业人员比重、技术密集型从业人员比重、劳动密集型从业人员比重是反映工业社会的人力资源结构的指标。人力资源素质方面，用教育经费占GDP比重、高等教育毕业人数占人口总数比重、科技活动人员比重反映劳动者的素质。用全员劳动生产率来考核职工技术熟练程度和劳动积极性。

4. 信息化能力指标

“以信息化带动工业化，以工业化促进信息化”这是我国新型工业化战略的核心内容之一。进入21世纪，信息资源已经成为经济发展不可缺少的战略资源，信息产业已成为促进地区经济发展的新兴产业。信息化就是以信息技术广泛应用为主导、信息资源开发利用为核心、信息产业成长壮大为支撑。以信息化带动工业化的本质就在于利用信息技术改造提升传统产业，促进传统产业的转型升级。信息化作为工业化发展的驱动力量，已经成为衡量一个国家或地区经济可持续发展水平的重要标志。为客观、全面、系统地反映重庆市信息化发展程度，本书从邮电通信能力、信息资源、信息技术、信息网络 4 个方面来衡量。在邮电通信能力方面，选用邮电业务收入、邮电业务总量来反映邮电通信企业为社会提供各类邮电通信服务的总数量。在信息资源方面，在选用每年发函件数、每年订报刊数 2 个指标测度传统的信息传递数量的同时，补充了测量当今信息社会通过网络传递的信息数量——特快专递数。在信息技术方面，选用移动电话用户、长途电话时长、本地电话年末用户数 3 个指标来反映移动通信和传统通信的规模和应用程度。在信息网络方面，选用移动光缆长度指标来衡量通信基础设施规模，用移动用户交换机容量指标反映移动通信和长途通信能力，用固定互联网用户指标反映互联网发展及更新情况。

5. 环境承载能力指标

环境承载能力指标主要包括环境保护、环境治理、基础设施和社会环境状况。环境保护和治理主要指为实现工业可持续发展目标，必须维护和改善人类赖以生存和发展的自然环境，防止环境污染和破坏，以求保持生态平衡，保障人类社会的永续发展。而基础设施是指为工业企业生产所提供的交通运输、仓储和无形产品或服务等部门的建设。通过这些基础设施的建设为投资者营造一个交通物流便捷、要素成本低廉、政策环境宽松的社会环境，从而吸引外来投资，促进地方经济的发展。另外从重庆市工业发展的现状来看，高技术含量和技术密集型的产业占据整个工业的比重较小，高能耗、高污染、低效率的工业企业仍然占据一定的规模。基于重庆市自然资源短缺、人口众多、可使用的工业用地有限等现实条件的限制，迫切需要推进工业可持续发展的政策支持体系。只有优化经济发展环境，才能为推进工业可持续发展创造良好的条件。因此，本书从环境保护、环境治理、基础设施和社会环境状况 4 个方面来研究环境承载能力对重庆市工业发展的影响和作用。在环境保护因素中，选取了森林覆盖率、自然保护区面积占国土面积比重、饮用水源水质达标率 3 个指标来衡量重庆市工业化同环境之间的协调状况。由于本书的环境治理主要指对“工业三废”的治理情况，考虑到数据的可获取性，故采用工业废水排放达标率、工业固体废物综合利用率、工业污染治理施工项目数、环保投入占 GDP 的比重 4 个指标来衡量。在基础设施方面选取了货运量总计、货运周转量、港口货物吞吐量、公路线路里程、码头岸线长度5个指标来衡量，因为交通运输是重庆市经济发展的重要组成部分，是促进重庆工业产品外部流通的纽带，是促进重庆工业可持续发展的基本保障。而在社会环境状况方面，主要从地区财政支持工业发展的角度进行衡量，选取工业交通部门基金支出占地方财政支出的比重、工业固定资产投资占全社会固定资产投资比重、工业基础建设投资占全市基础建设投资比重3个指标。

6. 资源利用指标

工业资源主要指工业生产中所需的原材料、燃料和动力等自然资源。主要包括矿产资源、水和水能资源以及作为工业原料的农畜产品、水产品和野生动植物资源等。这些资源的存量大小和合理使用，直接影响着重庆工业可持续发展的能力。资源利用指标主要是用来反映重庆市依托拥有的丰富自然资源，并对其进行合理配置和利用，以提高工业经济效益的能力。通常资源合理使用和配置的能力越强，能使拥有的各类资源发挥出的效能就越大，从而促进技术应用效率和生产效率的提高，使产业活力和资本运作水平提高，发挥产业优势，最终实现工业可持续发展。本书在分析资源利用能力的情况时，主要考虑了资源消耗和资源生产两个方面的影响。在能源消耗方面，选用能源消费弹性系数、电力消耗量、工业能源消费总量、工业产值能耗量4个指标来衡量。能源消费弹性系数是反映能源消费增长速度与国民经济增长速度之间比例关系的指标；而电力消耗量、工业能源消费总量、工业产值能耗量是用来预测该区域的能源需求量的。在能源生产方面，考虑数据的可获取性，选取可开发能源总量、天然气量、原煤产量、发电量来反映能源的生产情况。

以上6个方面的指标共同描述了重庆工业可持续增长的基本状况，比较充分地考虑了各指标之间的相互作用关系，较为合理地反映了重庆工业可持续增长能力。

4.2.2　层次构建

本书把指标体系分为四个层次，即目标层、一级指标（判断层）、二级指标（因素层）、三级指标（指标层）。

1. 目标层

指标体系的目标层即为本书的研究目的，它是评价指标的最高层，是重庆市工业可持续增长能力的总体评价。

2. 一级指标

一级指标包括经济发展能力、技术创新能力、人力资源配置能力、信息化能力、环境承载能力、资源利用能力六大指标。

3. 二级指标

二级指标包括经济结构、经济规模、经济效益、工业产品竞争力、产业科技含量、科技创新能力、人力资源水平、人力资源素质、邮电通信能力、信息资源、信息技术、信息网络、环境保护、环境治理、基础设施、社会环境状况、资源消耗、资源生产 18 个指标，这些指标分别属于不同的一级指标层，是对一级指标的进一步描述。

4. 三级指标

三级指标是指标体系的最底层，也是最重要的一层，它涵盖了反映重庆工业可持续增长能力评价的全部内容。

4.2.3 权重设定

本书采用层次分析法确定工业可持续增长能力评价指标体系各个具体指标的权重，基本步骤如下。

1. 构造判断矩阵

层次分析法的关键就是构造判断矩阵，具体方法是由多个专家对各个评价指标的重要程度，依据表 4-1 所示的标度进行两两比较，并将比较结果 $a_{ij}(i, j=1, 2, \cdots, n)$写成 $\boldsymbol{A}_{ij}=(a_{ij})_{n\times n}$。

表 4-1　判断矩阵的标度和含义

标度值	含义
1	表示因素 i 与 j 比较，具有同等的重要性
3	表示因素 i 与 j 比较，i 比 j 稍微重要
5	表示因素 i 与 j 比较，i 比 j 明显重要
7	表示因素 i 与 j 比较，i 比 j 强烈重要
9	表示因素 i 与 j 比较，i 比 j 极端重要
2，4，6，8	2，4，6，8 分别表示相邻判断 1～3，3～5，5～7，7～9的中值
倒数	表示因素 i 与 j 比较得判断 a_{ij}，j 与 i 比较得判断 $a_{ji}=1/a_{ij}$

2. 指标权重的求解

首先，将判断矩阵 $\boldsymbol{A}$ 的列做归一化处理：

$$\bar{a}_{ij}=\frac{a_{ij}}{\sum_{i=1}^{n}a_{ij}}(i,\ j=1,\ 2,\ \cdots,\ n) \tag{4-1}$$

其次，求判断矩阵各行元素之和：

$$\bar{w}_{i}=\sum_{j=1}^{n}\bar{a}_{ij}(i,\ j=1,\ 2,\ \cdots,\ n) \tag{4-2}$$

最后，对 $\bar{w}_i$ 做归一化处理得到：

$$\boldsymbol{w}_{i}=\frac{\bar{w}_{i}}{\sum_{i=1}^{n}\bar{w}_{i}}(i,\ j=1,\ 2,\ \cdots,\ n) \tag{4-3}$$

则 $\boldsymbol{w}_1+\boldsymbol{w}_2+\cdots+\boldsymbol{w}_n=1$ 即为所求的 n 个指标所对应的权重向量，且有 $\boldsymbol{w}=(\boldsymbol{w}_1,\ \boldsymbol{w}_2,\ \cdots,\ \boldsymbol{w}_n)^{\mathrm{T}}$。

3. 一致性检验

由于对客观事物的片面认识和客观事物的复杂性，对于所构造的判断矩阵要进行一致性检验的方法如下。

根据 $\boldsymbol{A}\boldsymbol{w}=\boldsymbol{\lambda}_{\max}\boldsymbol{w}$，求出判断矩阵的最大特征值：

$$\boldsymbol{\lambda}_{\max}=\frac{1}{n}\sum_{i=1}^{n}\frac{\boldsymbol{A}_{i}\boldsymbol{w}}{\boldsymbol{w}_{i}}(i=1,\ 2,\ \cdots,\ n) \tag{4-4}$$

计算一致性指标：

$$CI=\frac{\lambda_{\max}-n}{n-1} \tag{4-5}$$

式中，n 为评价指标的个数。查表 4-2，找出相应的结束的平均随机一致性指标 RI。

计算一致性比率：

$$CI=\frac{RI}{CI} \tag{4-6}$$

当 $CI\geqslant0.1$ 时，则认为判断矩阵不符合随机一致性指标，一致性检验不通过。

当 $CI<0.1$ 时，则认为判断矩阵符合随机一致性，权重分配是合理的。

表 4-2　层次分析法的平均随机一致性指标值

n	1，2	3	4	5	6	7	8
RI	0	0.52	0.89	1.12	1.26	1.36	1.41
n	9	10	11	12	13	14	15
RI	1.46	1.49	1.52	1.54	1.56	1.58	1.59

基于以上分析，本书应用层次分析法软件 yaahp7.0 计算相关权重，结果如表 4-3 所示。

表 4-3　重庆市工业可持续增长能力指标评价体系

目标层	一级指标	二级指标	三级指标
工业可持续增长能力评价	经济发展能力(0.2619)	经济结构(0.0885)	规模以上工业增加值占 GDP 比重(0.4811) 消费率(0.1869) 工业制成品出口额占出口总额比重(0.2491) 第一产业从业人员占全社会从业人员比重(0.0829)
		经济规模(0.0916)	工业总产值(0.2873) 人均 GDP(0.2062) 城镇化率(0.1775) 第二产业产值占 GDP 比重(0.3290)
		经济效益(0.5848)	工业成本费用利润率(0.1914) 总资产贡献率(0.0710) 资产负债率(0.0471) 工业增加值率(0.1930) 工业经济效益综合指数(0.4428) 规模以上工业利税总额(0.0547)
		产品竞争力(0.2351)	工业产品销售率(0.6667) 工业销售收入占全国工业销售收入比重(0.3333)
	技术创新能力(0.4333)	产业科技含量(0.1667)	新产品产值率(0.2106) 技术密集型产业产值比重(0.2409) 高新技术产业产值占工业总产值比重(0.5485)
		科技创新能力(0.8333)	专利数(0.2972) 技术成果成交额(0.5390) 研发经费占 GDP 的比重(0.1638)
	人力资源配置能力(0.0475)	人力资源水平(0.2)	工业从业人员占社会从业人员比重(0.2433) 城镇登记失业率(0.0974) 技术密集型从业人员比重(0.5664) 劳动密集型从业人员比重(0.0930)
		人力资源素质(0.8)	教育经费占 GDP 比重(0.0643) 全员劳动生产率(0.1211) 高等教育毕业人数占人口总数比重(0.2728) 科技活动人员比重(0.5418)

续表

目标层	一级指标	二级指标	三级指标
	信息化能力(0.0315)	邮电通讯能力(0.0703)	邮电业务收入(0.1667) 邮电业务总量(0.8333)
		信息资源(0.1246)	每年发函件数(0.1593) 特快专递数(0.2519) 每年订报刊数(0.5889)
		信息技术(0.5520)	本地电话年末用户数(0.1638) 移动电话用户(0.5390) 长途电话时长(0.2973)
		信息网络(0.2531)	移动光缆长度(0.2395) 移动用户交换机容量(0.1373) 固定互联网用户(0.6232)
	环境承载能力(0.0905)	环境保护(0.1117)	森林覆盖率(0.4) 自然保护区面积占国土面积比重(0.4) 饮用水源水质达标率(0.2)
		环境治理(0.0817)	环保投入占 GDP 的比重(0.3620) 工业废水排放达标率(0.1485) 工业固体废物综合利用率(0.1632) 工业污染治理施工项目数(0.3663)
		基础设施(0.5406)	货运量总计(0.2120) 货运周转量(0.2806) 港口货物吞吐量(0.2850) 公路线路里程(0.1112) 码头岸线长度(0.1112)
		社会环境状况(0.2660)	工业交通部门基金支出占地方财政支出的比重(0.5) 工业固定资产投资占全社会固定资产投资比重(0.25) 工业基础建设投资占全市基础建设投资比重(0.25)
	资源利用能力(0.1354)	资源消耗情况(0.25)	电力消耗量(0.1450) 工业能源消费总量(0.1450) 工业产值能耗量(0.3550) 能源消费弹性系数(0.3550)
		资源生产状况(0.75)	可开发能源总量(0.3890) 天然气量(0.1283) 原煤产量(0.2257) 发电量(0.2570)

4.3　工业可持续增长能力评价结果与讨论

根据灰色关联决策的理论，以评价方案指标向量与理想方案指标向量的关联度作为评价方案优劣的准则。在无量纲化处理后的数据矩阵 u_{ij}中，确定理想方案 $u_0=(1, 1, 1, \cdots, 1)$，拟选方案 u_i的评价指标 v_j 与理想方案 u_0 的评价指标 v_j 之间的灰色关联度为

$$L_{ij}=\frac{\min_i\min_j|x_{ij}-1|+\xi\max_i\max_j|x_{ij}-1|}{|x_{ij}-1|+\xi\max_i\max_j|x_{ij}-1|} \tag{4-7}$$

因为规范化后$\min_i\min_j|x_{ij}-1|=0$，所以上式可以简化为

$$L_{ij}=\frac{\xi\max_i\max_j|x_{ij}-1|}{|x_{ij}-1|+\xi\max_i\max_j|x_{ij}-1|} \tag{4-8}$$

其中，$\xi\in[0, 1]$是给定的经验系数，一般取0.5。

将AHP法得到的权重与所计算的灰色关联系数结合：

$$L_j=\sum_{i=1}^{n}L_{ij}\boldsymbol{w}_i\ (i=1, 2, \cdots, n; j=1, 2, \cdots, m) \tag{4-9}$$

即为不同年份的工业可持续增长能力。

根据所建立的重庆市工业可持续增长能力评价的指标体系，课题组通过查阅《中国统计年鉴》和《重庆统计年鉴(2001～2013年)》收集相关统计数据，对于指标个别年份的缺失情况，本书使用回归分析方法对其进行预测后的数据。最终获得了用于评价重庆市工业可持续增长能力的原始数据矩阵(其中13代表2001～2013共13年，64代表64个三级指标)，由于各个指标的量纲有所不同，所以不能用原始数据进行相关比较。根据各指标对工业可持续增长的影响不同，将指标分为正指标和负指标两种，对于正指标采用式(4-10)进行标准化，正指标要越大越好。

$$X_{ij}=\frac{x_{ij}-x_{j\min}}{x_{j\max}-x_{j\min}} \tag{4-10}$$

对于负指标采用式(4-11)来进行标准化，负指标越小越好。

$$X_{ij}=\frac{x_{j\max}-x_{ij}}{x_{j\max}-x_{j\min}} \tag{4-11}$$

4.3.1　工业可持续增长能力

为了对重庆市工业可持续增长能力进行比较客观、科学的评价，本书结合重庆市工业可持续发展的实际情况，对影响重庆市工业可持续增长的经济发展、技

术创新、人力资源配置、信息化、环境承载和资源利用等 6 个方面进行比较分析，以便明确重庆工业可持续增长的优劣势，为相关部门制定科学的工业发展战略和政策提供决策参考。通过上述分析过程，本书采用重庆市 2000 ～2012 年度各项指标数据，对重庆市 2000 ～2012 年的工业可持续增长能力进行了实证分析，结果如图 4-1 所示。

从重庆市 2000 ～2012 年工业可持续增长能力的灰色关联度变化可以看出，重庆市工业可持续增长能力整体上呈上升趋势，说明重庆市工业可持续增长能力在不断提高。从总体上看 2000 ～2002 年工业可持续增长能力的关联度维持在 0. 6 左右，工业可持续增长的能力相对较弱。2003 ～2004 年重庆市工业可持续增长能力基本呈逐年递增趋势，关联度从 0. 7 逐渐涨到 0. 9 左右。2005 年工业可持续增长能力出现了下降的现象，这是由于 2004 年对汽车摩托车、装备制造、资源深加工和高新技术产业投资的效果还没有显现，加上技术研发、技术创新、技术改造等方面投入严重不够而引起的。分析结果恰好与过去的实际情况相符，证明了上述分析的合理性。接下来 2006 年开始对工业各方面投入成效开始显现，加上对技术创新等环节的重视，虽然受到了金融危机的影响，但是 2006 ～2009 年工业发展还是出现了持续增长的态势，打赢了重庆市“止滑促增”的攻坚战。随着 2009 年工业投资“一号工程”重钢环保搬迁和信息产业“一号工程”惠普 400 万台笔记本电脑生产基地项目启动，及 2010 年工业投资“十大”工程和“双百”计划项目的实施，使得 2010 ～2012 年工业可持续增长能力呈现集聚上升趋势，说明重庆市工业可持续增长的能力在不断增强。总体来看，重庆市工业可持续增长与重庆市政府多年来，着力突出制造业投资，进行产业结构调整有着密切的关系。

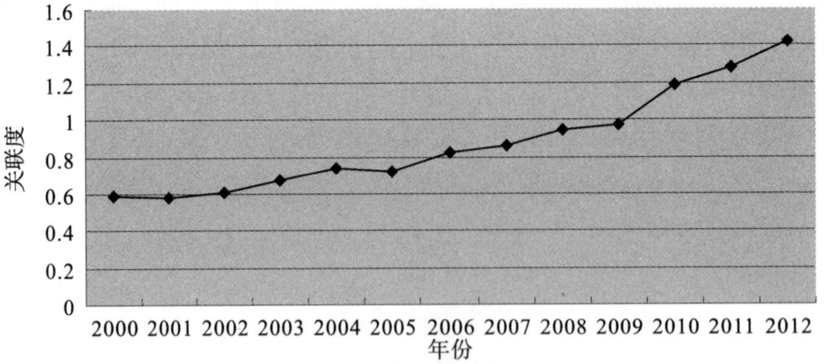

图 4-1　2000 ～2012 年重庆市工业可持续增长能力趋势变化图

数据来源：2001 ～2013 年《重庆统计年鉴》

为了进一步了解工业经济各方面对重庆工业可持续增长的影响，本书将影响工业可持续发展的六大指标关联度进行综合比对，结果如图 4-2 所示。

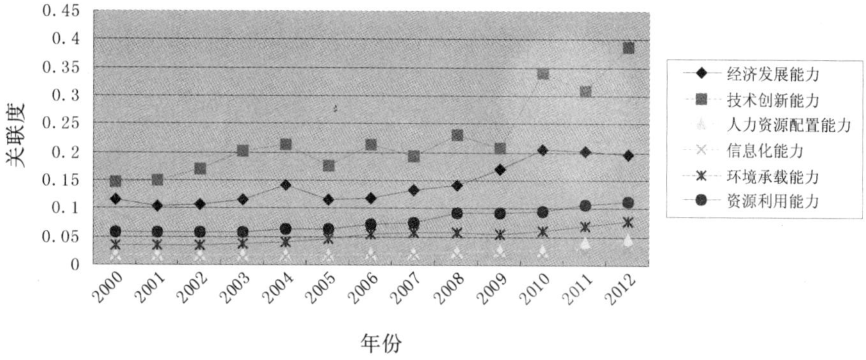

图 4-2　2000 ～2012 年重庆市工业可持续增长能力影响因素趋势变化图

数据来源：2001 ～2013 年《重庆统计年鉴》

从图 4-2 可以看出，自 2000 年以来对重庆市工业可持续增长能力贡献最大的就是技术创新能力，其次是经济发展能力、资源利用能力、环境承载能力、人力资源配置能力、信息化能力。重庆一直是我国重要的工业基地和国防科研生产基地，拥有较强的产业基础和科研能力。直辖以来，重庆市为改变直辖前夕的连年亏损，响应中央关于建设创新国家战略部署，推动重庆市“创新工业”战略的实施，采取了鼓励技术创新、建立先进的技术创新体系等一系列措施来提高技术创新能力。因此，从 2000 年开始重庆的技术创新能力，除个别年份的波动外，基本处于上升趋势。从重庆工业经济发展的实际状况来看，技术创新能力的提高对工业可持续增长的促进作用是非常明显的。经济发展对工业可持续增长的影响，主要是通过资本投入来实现的。经济发展可以为工业经济的发展提供财政支持，是实现区域工业经济可持续增长的有力保障。

从图 4-2 还可以看出，重庆市经济发展能力在 2000 ～2004 年呈小幅度弧状增长状态，尤其在 2004 年形成了一个突出值点。这是因为 2004 年全市 GDP 增长速度为 12.2%，达到了历年来的峰值，第二产业的年均增加值增长 12.3%，全市人均 GDP 超过 1000 美元达到了历史同期的最高水平。在人均 GDP 超过 1000 美元后的 2005 年，由于受产业结构升级调整和消费结构转换的影响，经济发展能力出现了小幅下降，但随后的 2006 年开始便进入了持续增长的良好发展状态。到了 2010 年，由于前期工业投资“一号工程”重钢环保搬迁和信息产业“一号工程”惠普 400 万台笔记本电脑生产基地项目投资成果的显现，经济发展能力达到了最高水平。但根据 2011、2012 年度测算的经济发展能力有逐渐削弱的趋势，因此本书认为相关部门应该对此给予高度重视。另外从图中可以看出资源利用能力、环境承载能力从 2000 年开始一直呈小幅度平稳增长的趋势。这与重庆市历来注重资源的合理利用与环境保护有着密切的关系。人力资源配置能力、信息化能力也是小幅度呈平稳微增状态，但在 2011、2012 年两年，这两种能力有了相对提高。本书认为这两种能力，尤其是信息化能力应该得到充分的重视。以上对影响重庆市工业可持续增长能力的六个方面进行了概括性描述，为进一步探明这六个方面的实质性影响，还将对这六个方面进行详尽的分析。

4.3.2 经济发展能力

一个地区的经济发展能力不仅能反映地区经济的整体规模，也能体现出经济社会和人民生活的整体素质情况。只有经济发展能力不断增强，才能为工业发展提供充裕的资金和技术保障，进而促进工业的可持续发展。本书立足于重庆经济发展的实际情况，分别从经济结构、经济规模、经济效益、产品竞争力四个方面来分析重庆工业的经济发展能力，通过计算关联度得到如图 4-3 所示的结果。

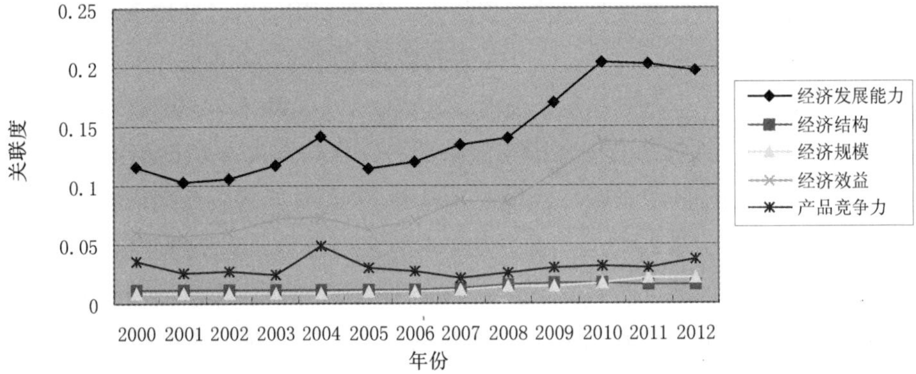

图 4-3 2000～2012 年重庆市工业经济发展能力趋势变化图

数据来源：2001～2013 年《重庆统计年鉴》

从图 4-3 可以看出，对重庆市经济发展能力影响最大的就是经济效益指标。经济效益指标从 2000 年开始，除个别年份存在波动外，基本呈平稳增长的态势，且走势与整个经济发展能力的走势趋同。其中 2005 年经济效益指标相对于 2004 年有所下降，可以看到同期的工业产品竞争力指标下降的幅度更大，受企业生产产品市场竞争力下降的影响，经济效益有所回落也是合理的。值得一提的是，2008 年虽然受到国际金融危机的影响，但重庆市的经济效益水平没有下降，反而依然保持着小幅增长。最应该关注的是 2011、2012 年，重庆市经济效益水平有逐渐开始下滑的趋势，对照其他三个指标来看，这也是造成整个经济发展能力下滑的主要原因，对照这两年的工业产品竞争力来看，虽然工业产品竞争力有所上升，但并没有对提高经济效益有很大的促进作用，说明重庆市在提升经济效益方面还需要做进一步的深入调查研究。从重庆市工业产品竞争力指标来看，除 2004 年比较突出外，其他年份都维持在一定的水平。这是因为在 2003、2004 年受市政府产业结构升级与调整政策的影响，大量的工业企业开始利用先进技术，依靠科技进步对企业自身生产效率、产品科技含量、职工的劳动技能水平进行改进。相对于经济效益指标、工业产品竞争力指标的波动性增长来看，经济规模和经济结构指标还是在小幅度增长中，尤其是 2011 年和 2012 年的经济规模较之之前有所扩大。根据以上分析，本书认为重庆市应该继续提高工业产品的国际竞争力，依托先进的科学技术来提高整体的经济效益、经济规模，优化经济结构，进而实现经济发展能力的总体提高，为重庆市工业可持续增长奠定基础。

4.3.3　技术创新能力

技术创新是推动工业发展的强大动力，是促进工业产业结构优化和调整的主导力量。要实现工业可持续增长，关键是要依托技术创新对传统的工业生产进行改造升级，从而减少工业污染，实现资源的合理利用，最终实现工业经济可持续发展。本书从产业科技含量和科技创新能力两个方面来考察技术创新能力对重庆市工业可持续增长的影响，通过计算相应的关联度得到如图 4-4 所示的结果。

从图 4-4 可以看出造成技术创新能力波动性提高的主要缘于科技创新指标的波动。重庆市市委市政府历年来都对提高工业企业技术创新能力给予高度重视，采取了一系列促进企业新产品、新技术开发的财政政策和优惠扶持政策。首先在进入 21 世纪前段，重庆率先在国内走技术研究开发、资源共享、成果转化三大科技平台建设路径，带动了地区的科技创新能力，被科技部给予了高度评价，并在全国进行了推广。由于研发经费、研发人员、研发设备的大量投入，技术成交额不断增加，产品专利数翻倍增长，使得 2000～2004 年重庆市的技术创新能力不断增强。2005 年重庆市引导 18 个市属开发类科研院所，投入创新能力建设资金 2400 万元。2006 年建立由“重大专项+基本计划”组成的新科技计划体系。2007 年重庆市 R&D 经费投资总量为 47.07 亿元，全市 R&D 经费支出占 GDP 比重达到 1.14%。2008 年重庆市区域科技创新能力居西部第 2 位，全国第 12 位，技术交易额居西部首位。《重庆市科技创新促进条例》于 2009 年 9 月 1 日起施行。正是由于 2005～2009 年，不同年份在技术创新能力方面投入不同、收效不同，所以出现了图 4-4 所示的技术创新能力在这期间的波动式增长。对比科技创新指标，重庆市产业科技含量指标的关联度一直维持在 0.05 左右。说明重庆市在对技术创新成果进行消化吸收方面还有待提高。只有在科技创新不断提高的同时，注重科技创新转化，才能真正增强整个地区的技术创新能力，才能为重庆市工业经济的可持续增长提供动力支持。

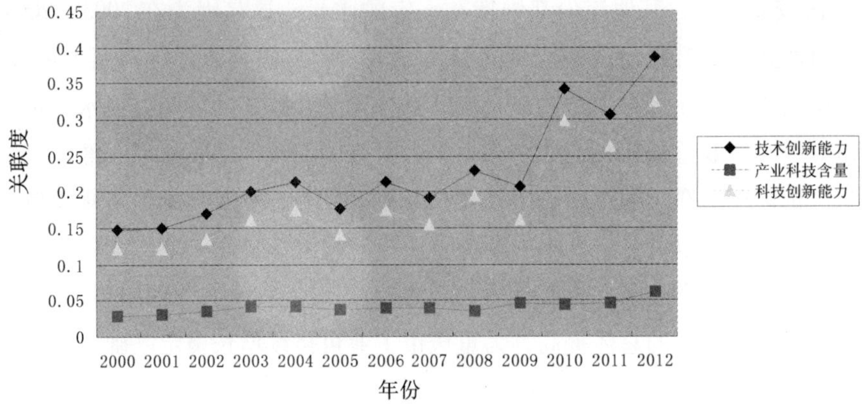

图 4-4　2000 ～2012 年重庆市工业技术创新能力趋势变化图

数据来源：2001 ～2013 年《重庆统计年鉴》

4.3.4　人力资源配置能力

把人力资源配置能力关联系数矩阵与其权重相乘得到人力资源配置能力的可持续增长绩效值，根据绩效值画出趋势图，如图 4-5 所示。

从图 4-5 所示情况看，重庆工业在人力资源配置这一块的可持续增长能力是呈逐年递增趋势的。2000 年，人力资源配置能力绩效值为 0. 016053；2012 年则增长到 0. 044728，增长了 2. 79 倍，且增长幅度都是正的。尤其是 2010 年，几乎是呈直线型增长。整个 13 年的平均增幅达到 9. 55% 。具体来看，对其增长能力促进作用较大的则是人力资源素质。从图 4-5 中可以看出，人力资源素质的增长趋势和人力资源配置是相一致的，其增幅也是逐年上升的，平均增幅达到 10. 77% ，超过了人力资源配置能力绩效值的平均增幅。而人力资源水平的增幅不稳定，有些年份还出现负增长，平均增幅只有 6. 97% 。这说明重庆工业的发展对高素质人才非常重视，在引进和培养高科技人才方面投入较多，需要继续保持。

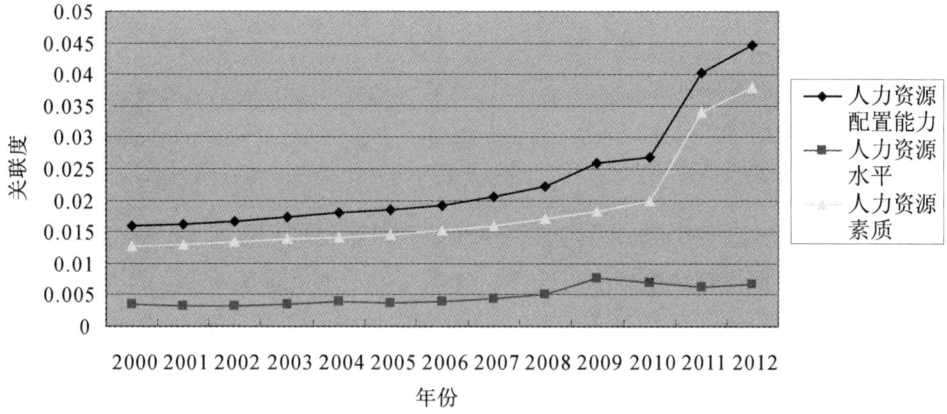

图 4-5　2000 ～2012 年重庆市人力资源配置能力趋势变化图

数据来源：2001 ～2013 年《重庆统计年鉴》

4.3.5　信息化能力

根据信息化可持续增长能力绩效值画出其趋势图，如图 4-6 所示。

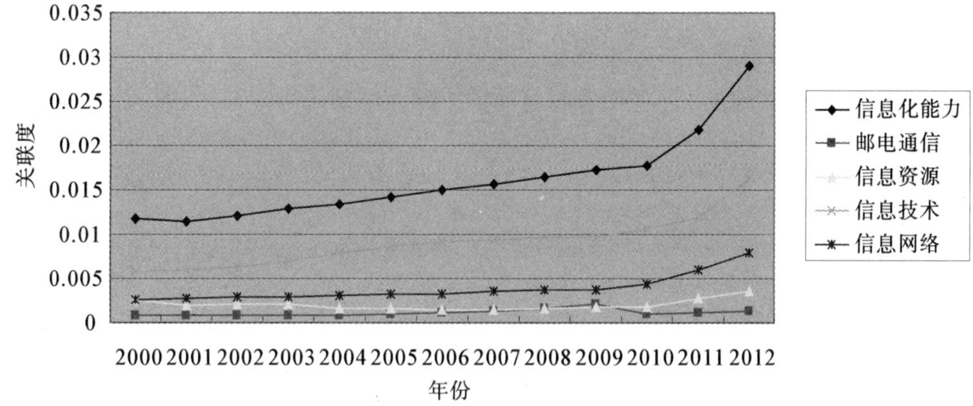

图 4-6　2000 ～2012 年重庆市信息化能力趋势变化图

数据来源：2001 ～2013 年《重庆统计年鉴》

从图 4-6 可以看出，整体上信息化可持续能力较好，平缓中呈上升增长趋势，2010 年之后，信息化能力明显提升，呈快速增长。2000 ～2010 年，信息化能力增长幅度都在 5% 左右波动，而 2011 年增幅达到 22. 66% ，2012 年达到 33. 15% ，13 年的平均增幅为 8. 19% 。其中，对其可持续增长能力促进作用较大的是信息网络和信息技术，平均增幅分别为 10. 17% 和 9. 30% ，分别高出信息化能力平均增幅 1. 98 个百分点和 1. 11 个百分点。邮电通信的增长能力不是很稳定，平均增幅为 7. 05% ；最差的是信息资源，有些年份增幅成负数，平均增幅也只有4.59%。可见，在信息化促进工业可持续增长能力方面，信息网络和信息技术发挥着重要作用，邮电通信和信息资源方面的能力还有待提高。

4.3.6 环境承载能力

根据前面所介绍的方法，对2000～2012年的数据进行相应的处理，得到环境承载能力的关联系数矩阵，再与其权重相乘，最后得到环境承载能力的可持续增长绩效值。根据计算结果画出折线图，如图4-7所示。重庆工业在环境承载这一块的可持续增长能力虽有微小起伏，但无剧烈波动，总体上是呈递增趋势的。2000～2004年呈缓慢增长；2005～2008年明显好转，增长速度加快；而2009～2010年却出现了下滑趋势，之后几年又呈快速增长。环境承载能力绩效值从2000年0.03543增长到2012年的0.077063，增长了2.18倍，13年以来的平均增幅达到6.97%。从具体情况来看，交通基础设施对其增长能力贡献最大，平均增幅为9.77%；其次，增长幅度较大的是环境保护，平均增幅为9.15%；社会环境和环境治理增幅不稳定，有较多年份还出现负增长，平均增幅分别为3.84%和1.03%。这说明重庆工业可持续增长能力在环境承载能力这方面，很大程度上得益于交通基础设施的建设和环境保护上的所采取的措施，而在社会环境这块还要加强固定资产和财政支出，完善基础设施建设和公共服务体系建设，为工业发展提供良好的社会环境；同时还要注重环境治理，控制污染源，采用节能高效的生产方式。

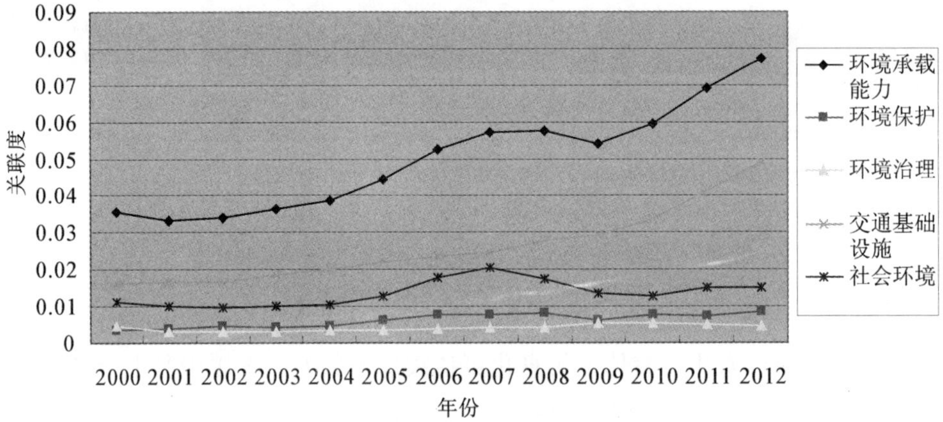

图4-7 2000～2012年重庆市环境承载能力趋势变化图

数据来源：2001～2013年《重庆统计年鉴》

4.3.7 资源利用能力

重庆工业起源于明末清初的手工作坊，1891年重庆辟为通商口岸，孕育了重庆近代工业的萌芽，一个世纪以来几经兴衰。尤其在新中国成立后的半个世纪，重庆现代工业得到了迅速发展。但由于这一时期工业发展采取的是传统粗放型发展模式，在工业品的生产过程中消耗了大量资源。由于大多数资源都是不可再生性资源，所以资源的合理利用能力就成了影响工业可持续增长的主要约束。本书立足于重庆市拥有和使用资源的实际情况，从资源消耗和资源生产两个方面计算的关联度来考察重庆市的资源利用能力，经计算得到如图 4-8 所示的结果。

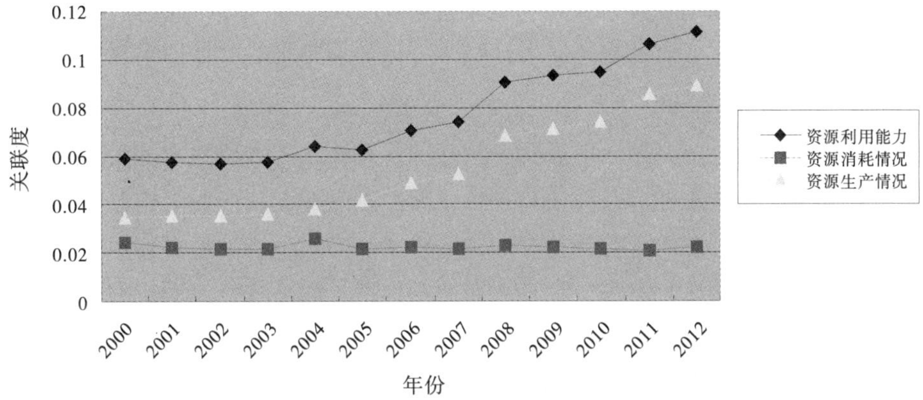

图 4-8　2000 ～2012 年重庆市资源利用能力趋势变化图

数据来源：2001 ～2013 年《重庆统计年鉴》

从图 4-8 可以明显看出，重庆市资源利用能力 2000 ～2002 年呈下降趋势，从 2003 年开始到 2007 年逐渐增强，主要原因是资源生产能力的不断提高。而注重新能源的开发与生产是促进新能源生产能力增加的原动力。能源和矿产资源的不可再生性，是大自然对人类社会提出的一个难题。为了子孙后代的生存与发展，人类必须尽力保护资源与环境。重庆市政府在认识到这一点的同时，在利用科学技术进行新能源开发与利用方面做了很大的努力，取得了一定的成效。如采用太阳能形成热气流与垃圾产生热混合的风力发电、利用地下岩土热量制冷采暖、浅层地温能的开发利用等。并且通过对可再生能源建筑应用示范工程进行补助等政策，鼓励更多的企业和个人进行新能源的开发与利用。在资源消耗方面，从图 4-8 可以看出，重庆市的资源消耗一直维持在稳定的水平，这也是近年来重庆市不断强化节能技术服务，开展节能减排技术创新和机制创新活动，建立 CDM（清洁发展）、EMC（合同能源管理机制）、节能技术服务平台取得的成果。另外，为了确保重庆市“蓝天碧云”环境保护工程的顺利实施，对燃煤工业锅炉进行了有效改造，实行污染企业搬迁计划等，从而减少了主城区“工业三废”的排放。这也促成了使资源消耗维持在较低水平内。通过以上分析，本书认为重庆市应该继续保持对资源消耗和生产的各种政策制度要求，从而确保有一个良好的资源利用环境，为重庆市工业可持续发展提供不竭的资源支持。

4.4　工业可持续增长能力评价小结

4.4.1　工业可持续增长的基础

本书通过建立前述重庆工业可持续增长能力的评价指标以及综合评价分析，可以得出，重庆市工业可持续增长中的经济发展能力是工业可持续增长的基础保障。经济效益指标从2000年开始一直趋于平稳增长，是对重庆市经济发展能力影响最大的经济指标，其增长的态势一般趋同于整体经济发展能力的走势。对工业发展有重要作用的工业产品竞争力指标，除个别时期受到产业结构调整等政策的影响发生波动外，基本上都维持在一定的水平。而对经济发展有着重要影响的经济规模指标和经济结构指标，相比有所波动性增长的经济效益指标与工业产品竞争力指标而言，是趋于小幅度增长的态势。所以稳定增长的经济效益与经济规模，不断优化的经济结构，不断提高的工业产品竞争力标志着重庆市工业可持续增长过程中的良好经济氛围和充足的经济发展能力。同时，促进传统产业转型升级是信息化促进工业化的本质，只有发挥信息化资源效用，才能使信息化成为驱动工业化的内在动力。本书从邮电通信能力、信息资源、信息技术、信息网络四个方面来衡量信息化能力在重庆工业可持续增长中的作用，通过上述分析可知重庆信息化可持续能力整体较好，平缓中呈上升增长趋势，其中信息网络与信息技术均高出了重庆信息化能力平均增长水平。所以说不断发展的信息网络技术与不断增长的信息资源数量是保证重庆信息技术水平的基础，从而为重庆市工业可持续增长提高保障。

4.4.2　工业可持续增长的优势

环境承载能力与人力资源配置能力是重庆市工业可持续增长的优势。工业可持续发展应处理好发展、资源与环境的相互关系。要素驱动增长的传统“粗放型”工业发展模式并不能满足工业长远发展的要求。对环境有限承载力的认同，标志着转变经济发展模式，走可持续工业发展道路的必然性。本书通过对环境保护、环境治理、基础设施以及社会环境状况方面的数据采集与指标分析，得出环境承载能力是影响重庆市工业可持续增长能力六个方面中的优势因素。从前述分析可知，重庆工业在环境承载能力方面的可持续能力虽有微小起伏，但无剧烈波动，总体是呈递增趋势的。其中，对其增长能力具有重大贡献的是交通设施基础以及重庆国家级开发新区战略，对两江新区的战略性定位，以及公路、水运方面的优势，为制造业工业、战略性新兴产业提供了良好的社会环境，有效地促进工业产品运输，为工业可持续增长创造了良好的条件。另一方面，重庆良好的生态环境，不断增长的工业污染治理项目，“五大功能区”中“渝东北生态涵养发展区”、“渝东南生态保护发展区”的政策导向，均有利于经济和生态的协调，有利于促进工业总产值长期、稳定、可持续地提升。所以良好的生态环境以及有效的社会环境是重庆市工业可持续增长的优势。劳动力要素是生产发展的基本要素，人力资源是经济发展中的重要资源。是否能配置好人力资本，发挥人力资源优势是决定经济发展的重要环节。本书测量人力资源配置能力的可持续增长绩效值，并分析得出人力资源配置在重庆工业的可持续增长能力呈递增趋势，人力资源水平与人力资源素质都具有较好状态。所以说良好的人力资源配置能力现状对重庆工业可持续增长具有极大的推动作用。

4.4.3　工业可持续增长的劣势

技术创新能力与资源利用能力是重庆市工业可持续增长的劣势。技术创新是对传统工业改造实现转型升级，对工业发展实现可持续增长的必然途径。通过技术创新，利用先进的科学技术和信息化成果改进传统的生产方式，提高产品科技含量，提高产品的市场竞争力，从而达到促进工业发展，达到可持续增长目的。本书通过对产业科技含量和科技创新能力两方面的指标选择和数据分析得出，重庆市工业技术创新能力对工业可持续增长能力具有极大的推动作用。重庆工业技术创新能力随时间趋向增强，但在 2009 年后波动趋势增大，很不稳定。2004 ～ 2005 年，也存在，由于 2004 年重庆市对汽车摩托车、装备制造、资源深加工和高新技术产业投资的效果还没有显现，工业可持续增长能力在 2005 年出现了下降的现象。这表明除了技术研发、技术创新、技术改造等方面的投入外，对技术创新成果进行消化吸收也是技术创新到工业可持续增长过程中的重要环节。只注重科技创新的不断提高，而忽视科技创新的转化，并不能真正增强整个地区的技术创新能力，不能达到为重庆市工业经济的可持续增长提供充足的动力支持。所以说技术创新能力是重庆工业可持续发展中的短板。重庆工业的可持续发展是经济稳定、经济结构升级的保障，只有将信息技术同制造业技术融合，使传统工业转型为技术密集型工业，通过技术创新来实现经济“新常态”下的重庆工业可持续发展目标。高速发展的工业初期主要依靠“高投入，高消耗”的“粗放型”经济发展模式，大量的资源在工业生产过程中被低效率消耗，由于这些资源绝大多数是不可再生资源，所以资源是否能够合理利用就直接关系着工业可持续增长的成败。重庆在工业可持续增长过程中的资源利用能力，本书从资源消耗和资源生产两个方面计算的关联度来考察。经上述相关分析得出，自 2003 年以来，重庆市资源利用能力开始增强，资源消耗一直处于相对稳定的水平。但是新能源的开发利用生产，及相关的科学技术投入程度并没有明显上升的趋势，相关的节能技术服务、节能减排技术创新和机制创新活动还存在明显不足，并且缺乏对资源消耗和生产的各种有效政策措施。综合上述分析，良好资源利用环境的缺失，使重庆市在工业可持续发展过程中资源支持不足，从而影响工业可持续增长。

第 5 章　重庆工业可持续增长机理解析

5.1　经济发展能力对工业可持续增长的作用机理分析

经济发展能力对重庆市工业可持续增长的作用传递如图 5-1 所示。

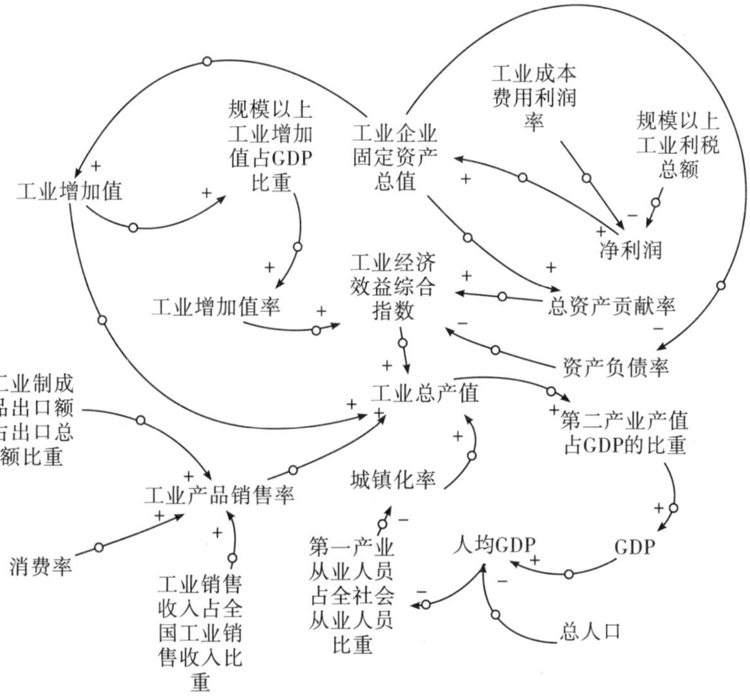

图 5-1　经济发展能力对重庆市工业可持续增长的作用机理

5.1.1　经济规模与工业可持续增长

从图 5-1 可以看出，经济规模对重庆市工业可持续增长的影响路径主要有两条：①国内生产总值对工业总产值的影响。重庆市国内生产总值与总人口数决定了重庆市人均国内生产总值，人均国内生产总值的提高使得劳动力不断从农业转移出去，从而降低第一产业从业人员占全社会从业人员的比重，进而提高城镇化率，促进人口向城市集中，使得劳动力、资金、技术等资源不断集聚，为工业经济发展提供坚实的物质基础，从根本上提高工业总产值。工业总产值的提高又进一步提高了第二产业产值的比重，进而增加国内生产总值，从而形成一条反馈路径，成为工业可持续增长的根本动力机制。与此同时，这条影响路径中包含了一条分支路径，即重庆市人口数的增加有利于工业总产值的提升。因此，促进农村剩余劳动力向城市转移，增加重庆市人口数量，扩大经济总量规模。②工业产品销售率对工业总产值的影响。工业产品消费率的提升可以提高工业产品的销售率，工业制成品出口额占出口总额比重越高，表明工业产品外贸销量越好，而工业销售收入占全国工业销售收入比重越大，工业产品销售率越高，这三个因素共同提高工业产品销售率，而工业产品销售率的提高，表明工业产品销售速度越快，有利于加快资金周转速度，进而提高工业总产值。因此，扩大经济规模，提高工业产品销售率能够有效促进工业长期稳定增长。

5.1.2　经济效益与工业可持续增长

从图 5-1 可以看出，经济效益对重庆市工业可持续增长的影响路径主要有两条：①净利润对工业总产值的影响。净利润的提高有利于增加工业企业固定资产总值，进而提高总资产贡献率，有效降低资产负债率，而总资产贡献率提高和资产负债率的降低又提升了工业经济效益综合指数，最终促进工业总产值的提升。同时，净利润受到工业成本利润率和规模以上工业利税总额的影响，工业成本费用利润率越高，净利润就越大，而利税总额越大，净利润就会越低。因此，重庆市工业企业重视对生产成本的控制，尽量降低生产成本，同时政府相应地减免企业税费负担，可以提高工业企业净利润，进而通过净利润对工业总产值影响的传导机制促进工业总产值增长。②工业增加值对工业总产值的影响。一方面，工业增加值的提升提高了工业产品的附加价值率，从而直接对工业总产值产生积极的影响；另一方面，工业增加值的增加提高了规模以上工业增加值占 GDP 的比重，进而提高工业增加值率，使得工业经济效益综合指数显著提升，促进工业经济增长。因此，重庆市工业经济发展应该通过增加工业增加值来促进工业可持续增长。

综合经济规模和经济效益对重庆工业可持续增长的影响路径，经济发展能力对重庆市工业可持续增长的作用机理可以简述为：①经济总量的扩大和城市人口的集中提高了工业总产值，并通过反馈作用进一步扩大经济规模，促进人口集聚，从而形成工业可持续增长的动力。②良好的市场环境能够促进工业产品出清，有效提升工业产品销售率，进而促进工业持续增长。③工业企业严格控制生产成本，重视产品附加价值率的提升，显著提高工业经济效益综合指数，进而提高工业生产效益，保证工业经济稳定增长。④政府减轻工业企业税费负担，有利于提高净利润，增加工业企业固定资产总值，使工业生产得以持续发展。根据经济发展能力对工业可持续增长的作用机理分析，重庆市未来经济发展制度安排的方向应该是树立经济可持续发展的理念，营造良好的经济发展环境，政府重视对企业的扶持力度，适当减免企业税费负担。

5.2　技术创新能力对工业可持续增长的作用机理分析

技术创新能力对重庆市工业可持续增长的作用传递如图 5-2 所示。

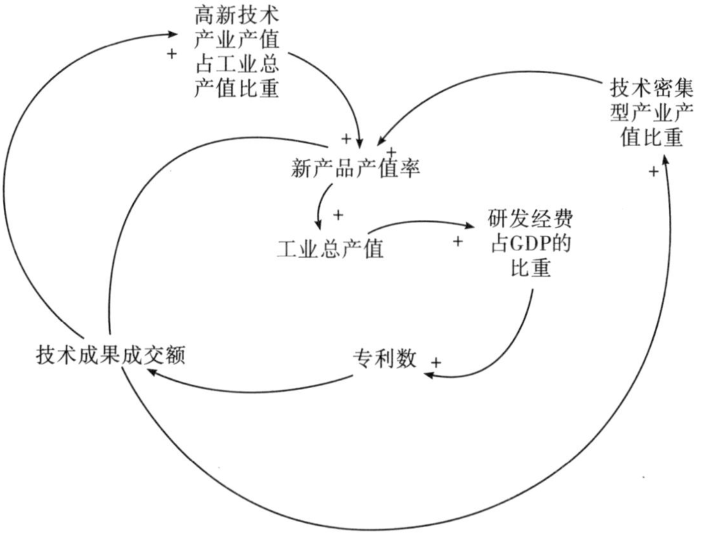

图 5-2　技术创新能力对重庆市工业可持续增长的作用机理

5.2.1　科技创新能力与工业可持续增长

从图 5-2 可以看出，科技创新能力对重庆市工业可持续增长的影响路径是：研发经费对工业总产值的影响。工业企业研发经费占 GDP 的比重越高，获得的工业专利数量也就越多，越来越多的科技成果在市场上进行交易，企业可获取的科技支撑也就越强，对新产品的研发力度不断加大，通过不断推出新产品占领市场，进而提高工业生产总值，而工业总产值的提高又为研发经费的投入创造了条件，从而形成反馈路径，工业经济得以可持续增长。因此，重庆市工业发展应该加强研发经费的投入力度，通过科技创新能力的提高为工业经济增长提供动力。

5.2.2　产业科技含量与工业可持续增长

从图 5-2 可以看出，产业科技含量对重庆市工业可持续增长的影响路径主要有两条：①高新技术产业对工业总产值的影响。高新技术产业产值占工业总产值比重越大，表明工业整体科技含量较高，通过技术创新开发新产品推动工业经济发展，新产品产值率得以不断提升，进而促进工业总产值增长，同时，工业总产值增长又通过路径反馈提高了技术成果成交额，增加市场上科技资源总量，为高新技术产业的发展奠定基础，从而形成一个完整的增长动力机制。因此，重庆市应该加大对高新技术产业发展的扶持力度，以提高工业经济增长水平。②技术密集型产业对工业总产值的影响。与高新技术产业对工业总产值的影响路径相一致，技术密集型产业产值比重越大，工业新产品的开发力度就越强，新产品产值率也就越高，工业可持续增长能力越强，而由工业总产值增加所导致的技术成果成交额上升，又为技术密集型产业发展提供必要保障，形成良性循环，促进工业经济可持续增长。因此，重庆市应该重视对技术密集型产业的培养，提高工业可持续增长能力。

综合科技创新能力和产业科技含量对重庆工业可持续增长的影响路径，技术创新能力对重庆市工业可持续增长的作用机理可以简述为：①工业研发资金投入力度的增加对工业总产值提升产生积极作用，而工业总产值增加又能够进一步加强研发经费的投入，成为工业可持续增长的动力。②高新技术产业发展有利于工业总产值的提升，工业总产值的提升又为高新技术产业发展提供保障。③技术密集型产业规模扩大有助于工业总产值的增长，工业经济实力的增强又为技术密集型产业发展创造条件。根据技术创新能力对重庆市工业可持续发展的作用机理分析，重庆市未来技术创新制度安排的方向应该是政府引导建立区域科技研发中心，用财政资金补贴企业的科技研发费用，加大对技术密集型产业和高新技术产业的政策支持力度。

5.3 人力资源配置对工业可持续增长的作用机理分析

人力资源配置对重庆市工业可持续增长的作用传递如图 5-3 所示。

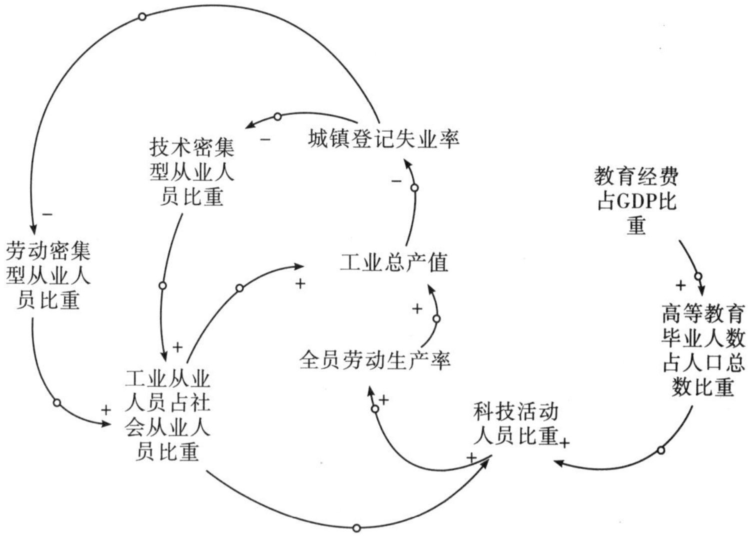

图 5-3 人力资源配置对重庆市工业可持续增长的作用机理

5.3.1 人力资源水平与工业可持续增长

从图 5-3 可以看出，人力资源水平对重庆市工业可持续增长的影响路径是：城镇失业率对工业总产值的影响。城镇登记失业率的降低能够促进城镇人口实现充分就业，劳动密集型和技术密集型产业从业人员数不断增长，工业从业人员占社会从业人员比重相应提高，工业从业人员规模的扩大为工业生产积蓄了大量劳动力，从而促进工业生产发展，而工业生产规模的扩大又能够通过路径反馈作用，进一步降低城镇登记失业率，从而实现工业可持续增长。因此，重庆市应该努力降低城镇失业率，促进人口实现充分就业，为工业增长积蓄充裕的人力资源。

5.3.2 人力资源素质与工业可持续增长

从图 5-3 可以看出，人力资源素质对重庆市工业可持续增长的影响路径是：教育经费投入对工业总产值的影响。教育经费占 GDP 的比重越高，对教育资金投入力度也就越大，教育教学资源的增加有利于提高高等教育毕业生人数占总人口数的比重，高素质人才的增加为工业科技活动人员培养提供基础，随着科技活动人员的不断增加，高素质劳动者不断涌现，依靠人力资本积累促进工业全员劳动生产率的提高，进而提高工业生产效率，最终促进工业生产总值的不断增长，而工业总产值的增长又能够增加工业从业人员数量，为科技活动人员数量的增加创造条件，通过反馈作用实现工业可持续发展。因此，重庆市应该重点加强教育经费的支出，着力提高人力资源素质，为工业可持续增长提供人力资源保障。

综合人力资源水平和人力资源素质对重庆工业可持续增长的影响路径，人力资源配置能力对重庆市工业可持续增长的作用机理可以简述为：①城镇失业率的降低促进劳动力实现充分就业，促进工业总产值增长，而工业生产发展又进一步降低城镇失业率，从而实现工业可持续增长。②教育经费投入增加有效提高人力资源素质，依靠人力资本积累提高全员劳动生产率，进而促进工业生产总值提升，而工业生产发展又为进一步提高全员劳动生产率创造条件，保障工业可持续发展。根据人力资源配置对重庆市工业可持续发展的作用机理分析，重庆市未来人才制度安排的方向应该是政府制定相关社会保障制度，努力降低城镇失业率；同时，加大对教育的财政资金投入力度，加强教育教学资源的投入。

5.4　信息化程度对工业可持续增长的作用机理分析

信息化程度对重庆市工业可持续增长的作用传递如图5-4所示。

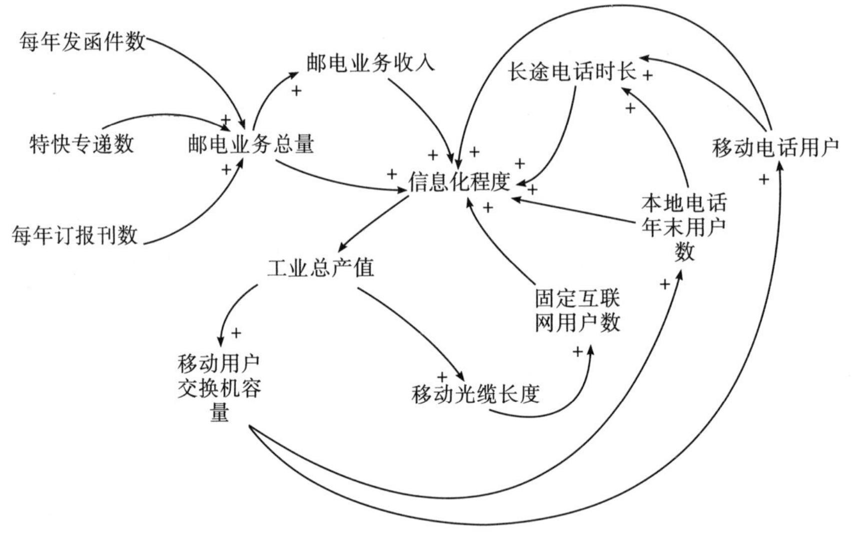

图5-4　信息化程度对重庆市工业可持续增长的作用机理

5.4.1　信息网络技术与工业可持续增长

从图5-4可以看出，信息网络技术对重庆市工业可持续增长的影响路径主要有两条：①信息网络对工业可持续增长的影响。信息网络设施投入的增加，移动光缆长度随着增加，伴随着光纤等通讯网络设施的不断发展，固定网用户数不断增加，从而形成完整的信息网络体系，提高信息化程度，进而促进工业总产值的提升。同时，工业总产值的增长又能够反过来加大对移动光缆的投资力度，从而实现工业可持续增长。因此，重庆市应该加强对信息网络设施的投入力度，建立完整的信息网络以支撑工业生产发展。②信息流量对工业可持续增长的影响。信息流量的增加有赖于移动用户交换机容量的增长，移动用户交换机容量越大，本地电话用户数和移动电话用户数量也就越多，电话通话时长也就越长，信息流量随之增大，依靠通信传递信息流提高了信息化程度，进而促进工业总产值增长，而工业生产发展又为进一步扩大移动用户交换机容量创造条件，从而形成一条完整传递路径，促进工业稳定发展。因此，重庆市应该重视对通信设施的投入，进一步增加信息流量，依靠信息化带动工业发展。

5.4.2　信息资源与工业可持续增长

从图 5-4 可以看出，信息资源对重庆市工业可持续增长的影响路径主要是：信息资源数量对工业总产值的影响。邮政发函件数、特快专递数和每年订报刊数量的增长提高了邮电业务总量，邮电业务总量的增长带来了邮电业务收入的增加，两者共同推动重庆市信息化程度的提高，信息化程度的提高进而影响工业生产总值的增加，而工业生产的发展又能进一步提高信息化程度，从而为工业可持续增长提供动力。因此，重庆市应该加大力度扩充信息资源，以此提高信息化程度。

综合信息网络技术和信息资源对重庆工业可持续增长的影响路径，信息化程度对重庆市工业可持续增长的作用机理可以简述为：①信息网络技术的发展和通讯信息基础设施的建设能够促进信息化程度的提升，进而以信息化带动工业生产发展，而工业生产发展又为信息网络技术和通讯信息基础设施的发展创造条件。②信息资源数量的增长有利于提高信息化程度，直接促进工业生产总值的增加。根据信息化程度对重庆市工业可持续发展的作用机理分析，重庆市未来信息化发展制度安排的方向应该是政府加强对通信基础设施的投入力度，加大对信息网络技术的研发力度，对企业信息化管理创造良好平台。

5.5　环境承载能力对工业可持续增长的作用机理分析

环境承载能力对重庆市工业可持续增长的作用传递如图 5-5 所示。

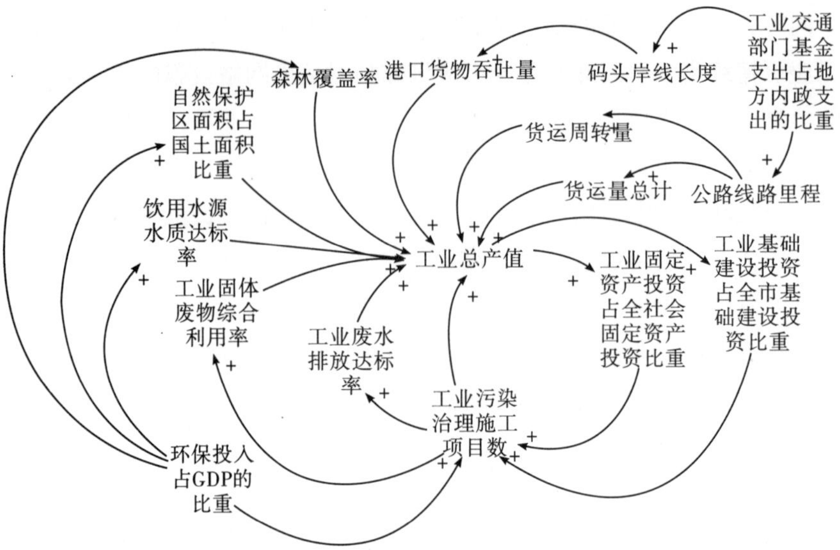

图 5-5　环境成长能力对重庆市工业可持续增长的作用机理

5.5.1　生态环境治理与工业可持续增长

从图 5-5 可以看出，生态环境治理对重庆市工业可持续增长的影响路径主要有两条：①环保资金投入对工业可持续增长的影响。环保投入占 GDP 的比重越高，用于环境治理的资金就越多，能够改善自然环境，提高森林覆盖率、自然保护区面积和饮用水达标率，通过改善重庆市的生态环境，进而促进经济与生态协调发展，有利于工业总产值长期、稳定、可持续地提升。因此，重庆市应该加大环保资金的投入力度，努力改善生态环境，为工业可持续增长创造条件。②工业污染治理项目对工业可持续增长的影响。工业污染治理项目数量的增长，可以有效提高工业固体废物综合利用率和工业废水排放达标率，减小工业生产对环境的破坏，提高资源利用效率，有效促进工业生产发展，而随着工业持续增长，用于工业固定资产投资和工业基础设施投资的资金将显著增加，进一步增加工业污染治理施工项目数量，从而形成工业可持续增长的动力。因此，重庆市应该加强对工业污染治理项目的投入，促进工业可持续增长。

5.5.2　社会环境优化与工业可持续增长

从图 5-5 可以看出，社会环境优化对重庆市工业可持续增长的影响路径是：交通基础设施财政资金投入对工业总产值的影响。交通部门基金支出占地方财政支出比重的提高，可以增加用于交通基础设施建设的资金，码头岸线长度和公路线路里程得到相应增长，港口货物吞吐量、货运量和货运周转量也随之增加，有效促进工业产品的物流运输，有利于拓宽工业产品销售渠道，进而提高工业生产总值。因此，重庆市应该加大对交通基础设施的财政资金投入力度，优化交通运输环境，为工业可持续增长创造良好的条件。

综合生态环境治理和社会环境优化对重庆工业可持续增长的影响路径，环境承载能力对重庆市工业可持续增长的作用机理可以简述为：①环保资金投入有效改善重庆市生态环境，为工业经济发展创造良好的发展环境。②工业污染治理项目可以显著降低资源消耗，提高资源利用效率，减小工业生产对环境的污染，促进工业稳定增长，而工业发展又能够进一步增加工业污染治理项目数量。③交通基础设施财政投入有利于优化交通运输环境，促进物流运输业发展，进而为工业可持续增长创造条件。根据环境承载能力对重庆市工业可持续发展的作用机理分析，重庆市未来环境制度安排的方向应该是政府加强对环境保护治理和交通基础设施建设的财政资金投入力度，引导企业进行工业污染治理项目的建设。

5.6　资源利用能力对工业可持续增长的作用机理分析

资源利用能力对重庆市工业可持续增长的作用传递如图 5-6 所示。

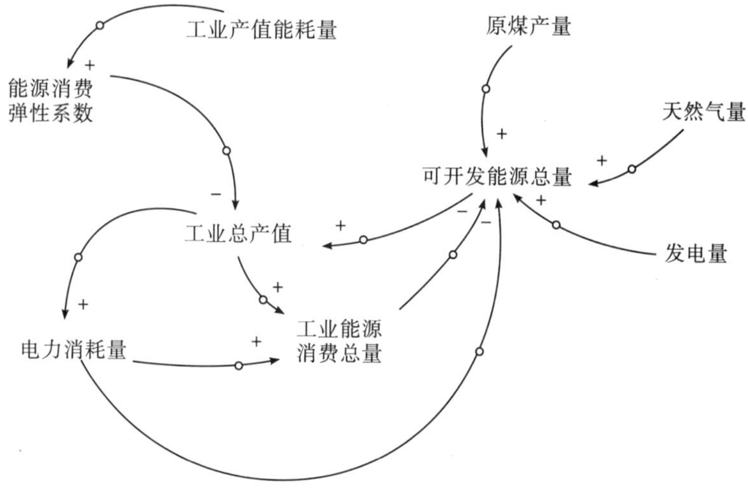

图 5-6　资源利用能力对重庆市工业可持续增长的作用机理

5.6.1　资源开发与工业可持续增长

从图 5-6 可以看出，资源开发对重庆市工业可持续增长的影响路径是：能源资源开采量对工业总产值的影响。原煤产量、天然气产量和发电量的提高可以增加可开发能源的总量，能源开采总量的增加为工业生产发展奠定物质基础，促进工业总产值的不断提升，但工业总产值的提升会进一步增加电力消耗量和工业能源消费总量，进而减少可开发能源总量，产生负反馈效应，无法形成可持续增长动力机制。因此，重庆市应该把能源资源的供给量控制在一定水平，不能对能源进行过度开采。

5.6.2　资源消耗与工业可持续增长

从图 5-6 可以看出，资源消耗对重庆市工业可持续增长的影响路径是：工业产值能耗量的降低可以减小能源消费弹性系数，能源消费弹性系数的减小能够有效减少单位工业产值所需要的能耗量，提高工业生产资源利用效率，促进工业生产总值的提升，相比较资源开发对工业总产值的影响，降低资源消耗可以使工业获得可持续增长的动力。因此，重庆市应该引导企业进行节能降耗，提高资源利用效率，实现工业可持续增长。

综合性资源开发和资源消耗对重庆工业可持续增长的影响路径，资源利用能力对重庆市工业可持续增长的作用机理可以简述为：①能源资源开采量的提高可以促进工业生产发展，但工业总产值的提升会增大资源消耗量，降低可开发能源总量，因而资源开采应该控制在一定范围。②资源能耗的降低可以提高资源利用效率，显著促进工业生产发展，推动工业可持续增长。根据资源利用能力对重庆市工业可持续发展的作用机理分析，重庆市未来资源制度安排的方向应该是政府控制资源能源的开采和供给量，制定相应政策引导和鼓励企业采取节能降耗措施，降低单位工业生产能耗。

第 6 章　推动重庆工业可持续增长的制度设计

工业是重庆市经济发展的支柱产业，作为重庆市经济发展的第一驱动力，工业不仅为重庆市国民经济发展创造了财政收入，而且为带动整个大西南腹地和长江经济带的发展做出了突出贡献。因此，重庆市工业的可持续发展不仅关系到重庆市自身的经济环境长期协调发展，对整个长江经济带可持续发展，乃至国家可持续发展都具有重要的战略意义。增强重庆市工业可持续发展能力，首先，要加强政府政策性引导，坚持走以信息化带动工业化的新型工业化道路。其次，要全面改革工业经济发展模式，创新工业经济发展路径。包括运用高新技术改变传统工业生产方式、搭建工业企业技术创新平台、延伸工业产业链等。最后，要始终坚持把节约资源和保护环境作为工业经济发展的目标。

基于前述研究分析和结论，本书分别从经济发展、技术创新、人才培养、信息化、环境承载、资源利用六个方面提出如下建议，以增强重庆市工业可持续发展能力。

6.1　推动重庆工业可持续发展的经济战略

从我国大多数省市经济发展的普遍规律来看，每一个经济发达地区的经济发展都有一个或几个主导产业来支撑。而当区域经济发展达到一定阶段时，又可以吸引区域外更多的资本、技术、人力等为相应的支柱产业提供发展支撑。工业是重庆市经济发展的支柱产业，工业的可持续发展对于促进重庆市地方经济可持续发展、推动地区科技进步、吸纳地方就业人口、带动其他产业联动发展等发挥着至关重要的作用。当重庆市地方经济发展步伐逐渐加快，经济实力不断增强时，又可以为工业可持续发展提供强大的财政支持与有力保障，这点在上文的分析中也得到了充分论证。因此，重庆市应该积极树立正确的经济发展理念，着力调整优化经济结构，转变经济发展方式，鼓励支持发展循环经济，以继续为工业可持续发展提供强大经济支撑。

6.1.1　营造良好的经济发展环境

随着我国现代化建设进程的快速推进，资源环境约束成为摆在各地区经济发展面前的主要难题。本书认为促进重庆市工业可持续发展，首先应该树立正确的经济发展理念，从可持续发展的视角出发，营造良好的市场环境，深化经济体制改革和制度创新，加快转变政府职能，打造宽松和谐的投资创业环境。在实施过程中，首先要破除地方保护主义和行业垄断束缚，培育公平合理、竞争有序、统一开放的市场经济体系，力争使市场资源配置能力达到最优，最大限度减少政府行政干预，发挥市场的自发调节作用。其次，以建立行政审批简洁规范、效率最高、成本低的市场经济创新体制为目标，深化经济体制改革，创新政府经营管理方式。最后，顺应区域经济一体化和经济全球化的发展趋势，转变政府职能，创建职能科学、结构优化、廉洁高效、阳光透明的服务型政府。建议从以下几个方面着手转变：①深化政府机构改革，提高执行监管力度。要求对政府内职责不清、职能重复的部门机构，按照“精简、统一、效能”的原则进行撤并。对政府制定的方针政策、决策建议等进行执行力度检查和监管。②强化政府管理社会和服务公众的职能。要求政府部门着眼于完善政府服务职能，将主要精力转向打造公平合理、服务高效的法制环境与政策环境中，鼓励通过公私合作、购买服务等方式，加强社会基础教育、治安保障、环境保护、弱势群体帮扶。通过优化健全应急服务机制，加强应对处理突发事件的能力。集中整治市场经济秩序脏、乱、差的现象，强化社会治安综合治理和环保治理，完善社会信用体系和法律体系建设。③创新政府投资管理方式，鼓励社会资本参与投资。对非政府参与的投资建设项目实行核准制和备案制。对于政府投资或参与的非垄断项目，根据实际情况，通过采用投资补助、特许经营等方式鼓励社会资本参与。对于垄断性项目，严格执行公平竞争原则，选定项目执行方。④改革政绩考评体系，建立有效约束机制。针对消除政府追求自身效用最大化、盲目追求经济增长现象，通过改革绩效考评体系进行制约，通过健全相关的法律体系来建立长效监督机制。

6.1.2 调整和优化产业结构

重庆市要推动工业可持续发展，首要任务就是调整优化产业结构，加快转变经济发展方式。重庆市应在提升传统产业竞争优势的同时，加快战略性新兴产业和关键基础产业布局，着力构建以现代高效服务业和先进生产制造业为核心，以战略性新兴产业为引擎，传统优势产业为支撑的现代产业发展格局。在强化经济国际化战略的同时，加快扩大内需和对外开放步伐，深化区域产业合作，拓宽产业发展空间，进一步提升产业国内国际竞争力，实现经济发展方式由依赖第二产业向三次产业协同发展的转变，引领经济向可持续发展的科学轨道迈进。从重庆市产业布局特点来看，转变重庆市经济发展方式是一个艰巨而复杂的系统工程，它涉及经济发展领域的多个层次、多个环节、多重因素，并且牵扯到政策和各方利益关系。因此，重庆市调整优化产业结构，加快转变经济发展方式要明确总体发展思路，从策略和战术层面明确发展方向和突破口。具体可参见以下几点：①积极培育和发展战略性新兴产业，努力把握全球新技术革命的发展路径和未来产业发展动向。②依托现有装备制造业大力发展关键零部件为核心的基础产业，加速高效原材料采购基地、现代物流运作体系、区域金融中心和国际商务会展中心的发展。③依托技术改造、创意研发、品牌提升、渠道拓展和产业链整合等探索提升传统优势产业，同时依托高新技术、文化创意与传统产业的高度融合大力发展都市产业。④增加有效供给扩大内需，建立需求结构与供给结构良性互动机制。⑤大力培育绿色现代产业，破除资源环境约束，建立资源高效循环利用的生态产业链。⑥全方位、多层次、宽领域、高水平地深化经济国际化战略，构建开放型、全地缘的产业合作新格局。

6.1.3　鼓励和倡导发展循环经济

循环经济是一种建立在资源回收和循环再利用基础上的经济发展模式。重庆市走新型工业化道路，可以通过鼓励各类经济主体自主创新，倡导发展循环经济的路径实现。自主创新是高效开发使用原生资源的手段，通过自主创新发展循环经济，可以达到降低资源消耗，提高资源回收利用率的作用，从而创造清洁生产，废弃物资循环利用的良好局面，减少环境污染，实现可持续发展。基于此，本书提出如下发展循环经济的对策：①加强政府引导，完善发展循环经济的法律法规体系和政策激励机制。重庆市人大和政府应该在现有国家和地方环境资源保护法的基础上，构建发展循环经济的法律法规和政策激励机制并不断完善，使得循环经济的发展有法可依、有法必依，引导循环经济健康发展。②深化企业体制改革和机制创新，推动循环经济的制度实施。鼓励企业通过建立规范的公司体制和法人治理结构，逐步完善适应工业发展和市场经济环境的管理创新体系。运用联合、兼并、控股、改组等方式对工业企业进行战略性重组，从而实现企业集团化，推动循环经济的顺利实施。③强化发展循环经济的人才和技术支撑体系。人才和技术是企业发展循环经济制胜的关键因素，企业应该努力培养高科技人才，加大科技投入力度，积极引进有利于企业提高生产效率和资源利用率的先进技术。营造以雄厚的人力资源为基础，依靠科技进步和技术创新发展循环经济的良好局面。④扩展延伸工业产业链，加强产业链各环节的资源综合利用和环境保护。工业是重庆市经济发展的支柱产业，为实现可持续发展，应该在循环经济思想的指导下，以产业转型为突破口，积极引进关联度高的企业和项目，拓展延伸产业链条，使工业投入资源的附加值和延长服务期得到充分开发。在产业链上下游的各环节投入技术改造，发展工业循环经济，促进资源综合利用，最大限度保护环境。

6.2 推动重庆工业可持续发展的技术创新战略

由前述分析得到技术创新是促进工业可持续发展最直接的动力。因此，在技术创新方面应继续选择工业企业急需的核心技术、关键技术进行攻关和重点突破，使技术创新成为促进重庆市工业可持续发展和科技进步的“内生动力”。另外，本书认为重庆市应全面推行技术创新体系建设，对全市范围内的科技资源进行整合，运用企业科技创新主体的优势，加强技术开发，在提高自身的科技创新能力的同时，充分发挥科技在工业可持续发展中的作用，促进整个产业的竞争力提升和工业经济效益提高。

6.2.1 建立科技信息共享平台

根据《国家中长期科学和技术发展规划纲要(2006～2020年)》和《中共中央国务院关于深化科技体制改革加快国家创新体系建设意见》的思路，结合重庆市实际情况，在科技资源相对雄厚、科技人才相对集中、科技综合实力较强的区域，建立若干区域科技中心，搭建公共科技创新共享平台，力争在全市形成网络化的科技创新体系。重点通过以下几个方面落实实施：①在科技经费的使用上，重点支持公共科技创新平台项目；②着力提高现有公共科研平台的装备设施；③加快推动行业科技服务平台建设；④大力支持高新技术产业的发展载体建设；⑤强化科技文献共享平台和大型基础数据库的建设。

6.2.2 推动科技成果快速转化

科技中介服务体系是推动科技成果转化为现实生产力的纽带。加快科技中介服务体系建设是提高工业经济集约化程度的关键所在。根据重庆市科技中介服务体系建设现状，建议从两个方面抓起：①完善重庆市技术市场的法律体系，规范技术市场运行细则，破除地区间技术市场交易的政策机制障碍，使全市范围内的技术市场真正实现信息畅通和资源共享。通过完善技术转移、技术嫁接相关政策机制，加紧培育和发展技术市场，促进科技体制和工业经济并轨。②鼓励各种先进的生产技术、工艺、产品等科技成果通过技术市场进行交易、推广和应用。设立专项奖励基金鼓励为企业服务的各类科技中介服务机构，促进企业之间、企业与高等院校和科研院所之间的知识流动和技术转移。通过扩大技术市场交易规模、增加交易量形成有效的市场价格机制，促进科技商品市场价格的合理化。建立重庆市技术信息库，通过信息网络带动技术市场的高效运行。

6.2.3 构建工业技术创新网络

引导工业企业成为技术创新主体，通过产、学、研相结合，打造工业技术创新网络，并将其作为推进全市创新体系建设的突破口。支持企业以市场为导向，组建技术研发机构，对重点领域进行自主研发和技术创新，提升企业市场竞争力。鼓励企业与高校和科研院所共同组建研发联合体，对工业产品设计、生产制作流程再造等进行技术攻关。充分发挥产学研的联动效应，对科技资源进行有效配置，激发科研机构的创新活力，使企业获得持续创新的信息系统，健全工业技术创新网络体系。与此同时，对企业技术创新的产权激励机制、市场激励机制和政府激励机制进行完善，以便更好地激发各级各类科学技术人员的工作热情。

6.2.4 运用高新技术改造传统产业

随着现代科技的迅猛发展，世界范围内的产业结构调整步伐也在加快。作为渝新欧大陆桥带动的新经济体，重庆市经济发展正面临前所未有的机遇。充分发挥现有产业优势，运用高新技术改造传统产业，优化升级产业结构，对于促进重庆市工业经济快速发展、提升工业产品竞争力有着十分重要的意义。具体实施过程中：①要求在制定产业政策和调整产业结构时，将高新技术产业发展与传统产业技术改造有效结合起来。在制定完善相关法律法规时，将降低资源消耗和环境污染作为重要的参考标准，严格限制落后生产方式的使用，大力支持资源节约型、科技先导型产业发展。②要求加速科技进步，提高工业经济增长的科技含量。重点鼓励研发以高新技术为先导工业设计和制造工艺，发展具有市场潜力的高新技术产品，深化现代科学技术和信息化成果对传统产业的渗透，使之不断推广应用到传统产业的各个领域，增强工业产品的市场竞争能力。

6.3 推动重庆工业可持续发展的人才战略

人才作为科学发展第一资源，在推动地方经济建设、政治建设、文化建设、社会建设中，起着特别重要的作用。结合上文分析结果来看，重庆市人力资源配置能力对工业可持续发展的影响还比较弱，并且大幅度提升的空间很大。为确保重庆市工业经济的持续快速发展，发挥人力资源在工业可持续发展进程中“主力军”作用，建议重庆市在人才引进、培养、使用等方面进行大胆尝试，以充实企业人才库，为促进工业可持续发展奠定智力基础。结合重庆市工业经济发展实际，提出实施人才战略的基本思路为：以科学发展观为指导，全面制定实施人才强市战略，通过引入和培养相结合的方式，壮大工业企业人才队伍。通过开展多元化的政治业务培训，提高人才队伍素质。对人才队伍结构进行全面改革，不断优化队伍的专业结构、知识结构和年龄结构。以人才引进为契机，充分利用国家支持企业招用大学生就业政策，加大人才招用力度，为企业长远发展储备人才。

6.3.1　强化人才队伍建设

坚持外部引进和内部培养双向联动的人才发展原则，结合工业经济发展实际，深入实施人才强企战略。紧紧围绕全市工业经济发展大局，多举措推进人才队伍协调发展，强化高层次人才和企业经营管理人才队伍建设，大力提升高层次人才素质，为经济发展提供坚强的智力支持和人才支持。①在引进人才方面，要结合工业企业实际情况，制定人才招聘规划。采取一系列优惠政策扎实开展人才招聘工作，尤其注重招收工科专业技术人才，以解决企业专业技术人才匮乏的难题。②强调人才培养和能力提高。在企业内针对领导干部和重要岗位工作人员，开展以提高综合素质和管理能力为重点的全方位系统培训。针对特殊岗位人才，开展以提高专业技术水平为重点的专项培训。③强调抓好人才储备工作。结合企业人才队伍年龄、学历、专业技术特长等方面综合信息，对人才进行梯度管理，完善强化后备干部和专业技术人才储备工作。

6.3.2　深化用人制度改革

根据工业企业实际情况，制定《企业人才选拔任用条例》，积极深化用人制度改革，建立科学规范的企业人才管理机制。结合岗位特点、工作实绩、兴趣特长，选拔任用企业人才并进行合理分配。鼓励通过提升全市循环经济产业园、软件产业园和科技创业园三大创业平台的承载能力，为人才搭建施展才华的创新创业平台。切实做到用岗位凝聚人才，用实践造就人才，用机制激励人才，用法制保障人才，全面推动人才队伍升级。具体实施办法：①按照德才兼备，重实绩、重公论的原则，将企业中群众公认度高、政治素质较强的人才充实到重要的领导岗位。②根据企业岗位特点，通过公推直选和竞争上岗的方式选拔人才，为企业人才脱颖而出创造有利条件。③对新引进人才，结合专业特长、兴趣爱好等进行重点培育和一对一的跟踪考核培养，及时组织各类专业人才学习先进知识和技术，逐步提升人才的档次和等级，实现人才升级以适应企业不断发展的需要。

6.3.3　搭建人才服务平台

招工难、人才紧缺是当前重庆市工业企业面临的主要问题，建议政府树立服务工业经济发展的全局意识，不断创新服务方式，积极搭建人才服务平台，以吸引高层次人才服务于工业经济发展。另外，建议通过打造适宜留住人才的发展环境，营造良好的工作环境，增强各类人才对企业的满意度和认同感，以吸引人才、留住人才。具体可通过以下几个方面实施：①设立人才建设专项资金，通过实施人才创业扶持、优秀企业经营管理人才评选、杰出人才评选、领军人才评选等活动，对全市企业优秀人才进行资金奖励，营造重视人才的良好氛围。②根据工业企业的不同需求，及时将企业人才需求情况反馈给外国专家库，为企业寻找合适的技术专家。同时，适当引入国外工业技术领域专业人才，为企业发展增添新的活力。③依托重庆市高校及现有人才、技术、资源优势，搭建缓解中小企业招工难、人才紧缺问题的网络服务平台和市场服务平台，为企业提供优秀的人才，为毕业生提供相应的良好实习基地。

6.4　推动重庆工业可持续发展的信息化战略

伴随计算机技术、网络技术和通信技术的快速发展，信息化已成为推动工业实现可持续发展的重要保障。结合重庆市当前的实际情况来看，虽然重庆市大部分工业企业已实现了网络全覆盖，但信息化程度还处在较低水平，信息化福利也未得到充分挖掘。这点在第 4 章也得到了佐证。为快速提高重庆市工业企业的信息化水平，建议工业企业在对自身所处行业、发展阶段、目标、战略有深入理解，对自身管理存在问题有清晰认识的基础上，对产品设计、生产经营、售后服务全过程提出具有行业特色、能满足个性化需求的信息化整体规划方案。在实际实施过程中，建议从企业实际出发，循序渐进，分阶段实施。提供以下几种策略以供参考。

6.4.1　构建高效企业管理信息系统

工业企业信息化建设，应建立在对企业当前面临的管理问题有深入分析的基础上，选择相应的信息化项目，为企业创造效益。依托企业信息化建设，鼓励企业构建高效的企业管理信息系统。但需要注意遵循以下几个原则：①整体化原则。在企业管理信息系统的构建和设计中，应该立足于企业工作实际和企业发展的全局，对企业网络建设进行整体规划，对企业管理信息系统的建设步骤、经费预算、服务功能、总体结构、设计目标进行统一的整体规划和设计。②网络结构可伸缩性原则。在企业管理信息系统的整个设计中，要求企业能自由地增加软件或者硬件来实现系统功能与性能的提高，同时又不能对已有的投资有损害迹象。但是企业管理信息系统的可伸缩性必须建立在企业网络结构的标准化、开放性、先进性、合理性的基础之上的。③网络安全的原则。企业管理信息系统的构建必须要保证企业网络和企业数据的安全。首先，必须保证信息系统中各网络设备如信息系统软件的安全。其次，必须保证信息系统中相关数据处理的安全。由于企业管理信息系统所记录的信息关系到企业发展、经营的所有数据，含有许多企业的技术秘密和商业秘密，是企业竞争者想要窥视的目标。为了防止企业的网络数据遭受网络黑客、非法用户和网络病毒的袭击，必须加强网络安全，如为网络增加防火墙技术、设置访问权限等。④高效实用的原则。构建企业管理信息系统的目的是实现企业资源的共享、信息的快速传递，提升企业的经济效益。所以，企业管理信息系统构建中必须考虑其实效性，加强其与企业实际的结合。

6.4.2　制定企业信息化整体规划

一般将企业信息化过程分为初始阶段、传播阶段、控制阶段、集成阶段、数据管理阶段和成熟阶段六个过程。目前，重庆市大部分工业企业仍处于前三阶段，信息资源集成尚未完成，这是制定企业信息化整体规划的最佳时机。重庆市工业企业应在自身发展战略目标指导下，本着统筹兼顾、逐步推进的原则，对企业管理和信息技术发展现状进行诊断、分析、评估，结合其他国家地区工业信息化经验和最新信息技术的发展趋势，提出企业信息化的目标远景和战略，制定相应的系统架构，确定系统内部的逻辑关系。结合系统的选型、架构设计、实施策略，对企业信息化目标和内容进行整体规划，并进行可行性分析。但在企业信息化规划过程中仍需注意以下几点：①规划需要企业内部各部门的共同支持。企业信息化建设不单纯只是企业某个部门或某个人的事，它要求企业所有相关部门参与目标制定及规划建设和实施。因此，在规划过程中应明确信息化的主人是企业所有的部门和每一位员工，信息化建设的最终目的在于简化工作量，提高员工的工作效率。②规划需要不断充实完善。任何领域的规划都是一个复杂的系统工程，都应该是一个闭环的管理过程，即“制定—实施—反馈—修改”，如此不断前行，才能取得突破。企业每年应该根据周围新的环境、企业新的发展以及技术发展的新趋势等因素对信息化规划进行补充和调整，在制定长期发展规划基础上，根据每年的具体发展情况及企业需求，编制短期计划。③坚持以基础核心项目为主要抓手，分阶段逐步实施。按照“先易后难、急用先建”的原则，先实施企业最需要的基础核心项目，并以此为基础，量体裁衣，衍生其他项目的建设，保证数据的整体统一。

6.4.3　选择柔性信息化软件

在构建企业信息化建设的过程中，建议选择能够满足和适应用户多变需求的柔性软件系统。这种柔性软件系统在使用环境和用户需求发生变化时，稍加改动便可以继续满足用户需求，不仅降低了购买成本，而且不会产生由于更换系统而产生的信息泄露问题。工业企业也可以根据企业自身性质、规模、需求的不同向供应商订购，租用柔性化软件，这样既大幅降低了软件成本，减少了硬件采购方面的花费，又避免了企业在信息化建设初期在硬件上大规模投入的风险。工业企业在选择柔性信息软件系统的同时，还需要注重信息化人才的培养。在信息化建设中把技术开发人员、经济管理人员、信息系统的操作使用人员的积极性调动起来，使其认识一致，动作协调，加快企业信息化进程建设。

6.5　推动重庆工业可持续发展的环境战略

随着全球生态环境的日益恶化，世界经济发展面临的资源和环境约束逐渐增多。节约资源、治理污染、保护生态平衡成为经济发展中需要注重的长期战略任务。从上文的分析来看，环境承载能力的逐年提高对全市工业可持续发展的促进作用是非常明显的。因此，保护生态环境也成为重庆市工业可持续发展的前提和战略基点。建议完善经济、社会、环境协调发展的相关规划，多举措推进环境保护和生态改善，科学规划工业生产布局和工艺流程，推行清洁生产与可持续消费。

6.5.1　建立环境与经济社会协调发展综合决策机制

面对保护环境与工业可持续发展间的矛盾，建议政府在制定相关决策过程中，正确处理环境与经济社会发展间的关系，运用可持续发展理念对经济发展、社会发展和环境保护进行统筹规划，以实现最佳的经济效益、社会效应和环境效益。在具体构建过程中可要求实现如下几点：①以可持续发展战略为指导，制定以经济、社会、环境协调发展为目标的综合决策。在生态保护和污染防治规划、实施、发展过程中，坚持经济、社会、环境三方建设同步原则，以实现效益最大化。②强化部门间、行业间的协调配合意识。鼓励各部门、各行业树立保护环境和改善生态的全局意识，互相配合，积极参与。同时，利用各种宣传媒体，加大宣传力度，提高人们的绿化意识、生态意识和环境意识，动员更多群众投身于环境保护与生态建设当中。③加强政府宏观调控，坚持把环境保护纳入国民经济和社会发展计划和长远规划。要坚持强化管理，预防为主和“谁污染谁治理、谁开发谁保护、谁利用谁补偿”的三大政策体系，要求所有建设项目都要有环境保护规划和要求，特别要加强工业污染控制和治理。④构建环境保护和生态建设金融支持系统。一方面创新生态环境项目投资方式。另一方面建议通过开征环境资源税、生态效益补偿费的方式，建立生态环境保护基金，使环境资源的生态、社会和市场价值得到真实体现。

6.5.2　多举措加强环境保护与生态改善

为进一步提升重庆市生态环境质量，增强环境承载能力，确保工业可持续发展与环境的协调性，建议市委、市政府全方位、多举措加强环境保护与改善生态。根据重庆市目前生态环境发展现状，提出四点建议以供参考：①利用国家环境监测体系、国家农林检测体系相关数据，建立独立公开的环境监测系统，进行科学决策，宏观调控。同时，动员广大群众参与环境保护和生态建设，加强舆论监督。②进一步强化污染防治和保护生态相关法律保障。建立健全的法律法规体系、监督管理体系。要求各地各级环境生态保护执法部门严格履行统一监管职责，规范执法行为，完善执法程序，提高执法透明度。同时，鼓励社会团体和人民群众共同参与环境保护和生态建设执法活动。③对于重点污染领域和行业进行统筹规划治理，重点突破。对于生产钢铁、水泥等工业企业进行深入细致调研，科学规划综合治理策略，统筹安排，突出重点，分步实施，分区突破。将重庆市生态环境保护纳入国家三峡库区生态建设规划和中国西部生态环境治理规划中，构建相关生态建设治理体系，进行分期分批治理。④继续加强林业生态工程建设。通过深化林业改革，加强基层林业发展的科技支撑，加快林业经济发展，在保护林业生态的同时，创造环境保护效益。

6.5.3　继续实施清洁生产与可持续消费

近年来，随着重庆市经济的快速发展，环境污染成为重庆市走工业可持续发展的最大阻碍。回顾工业发展的历程可以发现，传统的发展模式不仅造成了生态环境的极大破坏，而且浪费了大量的能源，加速了自然资源的耗竭，难以持久维持。而以末端治理为主的工业污染控制政策则忽视了全过程污染控制，不能从根本上消除污染。因此建议政府继续实施清洁生产与可持续消费。具体措施如下：①对重点污染领域、重点污染行业的生产布局和生产工艺流程进行科学规划，应用清洁生产理念对生产诸环节进行优化，由单纯的尾端污染控制转向生产全过程的污染控制，交叉利用可再生资源和能源，减少单位经济产出的废物排放量，达到提高能源和资源使用效率、防止环境污染的目的。②鼓励发展环保产业。将传统产业技改与环保产业紧密联系起来，积极研究开发污染防治、清洁生产、洁净能源等技术，降低整个工业活动对人类社会和环境造成的风险。积极研究开发廉价高效、符合国情的环保技术与装备，促进工业产品的生产、消费过程与环境相容。同时，开发环境无害产品（绿色工业产品），替代或削减有害于环境的产品生产和消费。③鼓励可持续消费。在为人们提供基本需求服务和工业产品的同时，注重回收利用，鼓励二次或多次消费。倡导减少有毒材料使用，力争使需求服务和工业产品生命周期中所产生的废物与污染物排放量最少，从而不危及后代的资源需求。

6.6　推动重庆工业可持续发展的资源战略

自然资源是保证区域经济正常运行、促进地方经济快速增长的基础。自然资源的丰度和有效组合，很大程度上决定了一个国家或地区的产业结构和经济优势，特别是在劳动密集型产业和资源密集型产业还占有较大比重的重庆市，资源利用状况对工业的可持续发展有着更为突出的影响。结合第4章的分析来看，近年来，重庆市工业发展的过程中，对自然资源的有效利用大大地促进了工业的可持续发展。面对大部分自然资源的有限性和不可再生性，树立资源危机意识，强调珍惜保护资源，构建资源节约型社会经济体系，合理开发利用资源，提高资源利用率对实现工业的长期可持续发展有着重要的意义。

6.6.1　强化珍惜资源理念

基于自然资源的有限性和不可再生性，鼓励全民树立资源危机意识，加强资源国情教育和可持续利用教育，将重视资源、珍惜资源、爱护资源、节约资源的理念贯穿于工业经济发展的全过程。在资源保护法律方面，严格实行国土资源管理制度，建议从以下三方面落实实施：①坚决贯彻执行保护自然资源基本国策。要求全市各级党委、政府必须将保护和合理利用国土资源的责任、措施落实到位。②强化国土资源规划管理。建议要求各级国土资源管理部门要根据《土地管理法》《矿产资源法》等有关法律法规，按照保护和合理利用国土资源的要求，做好组织编制和实施各种资源的调查评价的规划。同时，明确规划的法定性和权威性，保证规划的可操作性。③强化国土资源监督管理。建立“集中统一、精干高效、依法行政、具有权威”的国土资源管理监督体系，为强化国土资源监督管理提供组织保障。构建综合调查评价的激励和约束机制，强化国土资源监督管理，把各项工作落到实处。

6.6.2　提高资源开发利用率

支持发展资源节约性产业，着力构建资源节约型工业经济体系，实现对资源的合理开发、利用与消费。建议在工业生产和流通领域，实施有利于节约资源的产业政策，通过优化和完善资源节约型生产流通体系，对产业政策进行灵活调整，以减少资源消耗，降低环境污染。严格限制高能耗、污染重的工业产业，提高企业的市场准入门槛，大力倡导发展质量效益型、科技先导型、资源节约型工业企业，推动产业结构快速升级。同时，引导工业企业建立崇尚节俭的消费方式。鼓励合理开发水、土地、生物等可再生资源，尽量提高化石、矿藏等不可再生资源利用率。通过提高生产技术效率、产品选择效率、资源配置效率等，做好资源的优化配置，提高资源的单位产出，为工业的长期发展谋福利。鼓励依靠科技进步，提高资源二次利用率和综合利用率，加快潜在资源和替代资源的开发和新能源、新材料的开采。通过前沿科技改造工业生产技术设备，增强资源在整个生产、流通、消费过程中的循环利用，从而有效降低物耗，提高产出率，创造最大经济社会效益。

第 7 章　研究结论与展望

7.1　主要结论

本书基于新型工业化战略背景，提出重庆市工业可持续发展的主要任务，借助相关理论研究的成果，从定性和定量两个方面入手，评价重庆市工业可持续发展能力以及工业可持续增长的影响因素，构建系统动力模型，通过系统传导机制分析，对各个因素影响工业可持续增长的作用机理进行分析，解析重庆工业可持续增长的内在规律，有针对性地进行制度设计，明确实现重庆市工业可持续增长的动力机制。研究的主要结论如下。

第一，重庆市工业可持续增长能力不断增强，工业可持续增长指数呈逐年上升趋势。2000～2002 年重庆市工业可持续增长能力指数维持在 0.6 左右，工业可持续增长的能力相对较弱。2003～2004 年重庆市工业可持续增长能力基本呈逐年递增趋势，增长指数从 0.7 逐渐涨到 0.9 左右。2005 年工业可持续增长能力出现了短暂下降，主要原因是 2004 年对汽车摩托车、装备制造、资源深加工和高新技术产业投资的效果还没有显现。2006 年开始对工业各方面投入成效开始显现，加上对技术创新等环节的重视，虽然受到了金融危机的影响，但是 2006～2009 年工业发展还是出现了持续增长的态势，工业可持续增长指数上升到 0.98。随着 2009 年工业投资“一号工程”重钢环保搬迁和信息产业“一号工程”惠普 400 万台笔记本电脑生产基地项目启动，及 2010 年工业投资“十大”工程和“双百”计划项目的实施，使得 2010～2012 年重庆市工业可持续增长能力呈现显著上升趋势，2012 年重庆市工业可持续增长指数已达到 1.42，表明重庆市工业可持续增长的能力在不断地增强。

第二，经济发展能力、技术创新能力、人力资源配置能力、信息化能力、环境承载能力和资源利用能力是重庆市工业可持续增长的主要影响因素，且影响程度各不相同。2000～2012 年，技术创新能力对重庆市工业可持续增长能力贡献最大，影响力水平达到 0.4333，技术创新指数整体上呈波动上升趋势，由 2000 年的 0.15 上升到 2012 年的 0.38，技术创新对重庆市工业可持续增长能力提升起到重要促进作用。经济发展能力对重庆市工业可持续增长能力影响力水平达到 0.2619，经济发展指数总体稳步提升，由 2000 年的 0.11 提升到 2012 年的 0.19，为重庆工业发展提供充裕的资金和技术保障，进而促进工业的可持续发展。资源利用能力对重庆市工业可持续增长能力影响力水平达到 0.1354，资源利用指数不断提高，由 2000 年的 0.06 提高 0.115，为重庆市工业可持续增长提供保障。环境承载能力、人力资源配置能力和信息化能力对重庆市工业可持续增长能力影响力分别为 0.0905、0.0475 和 0.0315，一定程度上促进了重庆市工业可持续增长能力的提升。

第三，各个影响因素对重庆工业可持续增长的作用机理不同，应该有针对性地进行制度设计，构建工业可持续增长动力机制。重庆市未来工业可持续增长的制度设计应该是：①经济方面：树立经济可持续发展的理念，营造良好的经济发展环境，政府重视对企业的扶持力度，适当减免企业税费负担。②技术方面：政府引导建立区域科技研发中心，用财政资金补贴企业的科技研发费用，加大对技术密集型产业和高新技术产业的政策支持力度。③人才方面：政府制定相关社会保障制度，努力降低城镇失业率，同时，加大对教育的财政资金投入力度，加强教育教学资源的投入。④信息方面：政府加强对通信基础设施的投入力度，加大对信息网络技术的研发力度，对企业信息化管理创造良好平台。⑤环境方面：政府加强对环境保护治理和交通基础设施建设的财政资金投入力度，引导企业进行工业污染治理项目的建设。⑥资源方面：政府控制资源能源的开采和供给量，制定相应政策引导和鼓励企业采取节能降耗措施，降低单位工业生产能耗。

7.2 政策运用

7.2.1 树立正确的工业可持续发展理念

促进重庆市工业可持续增长的关键在于树立正确的工业可持续发展理念，在保证工业生产总值增长速度的基础上强调工业经济增长质量，关键在于做到以下几个结合：①大和小的结合。最近几年，重庆市经济已经转型，形成了以电子信息、汽车、装备、材料、化医等为主的支柱性产业，新的支柱产业已经成为拉动重庆工业增长的主导力量。2013 年以来，这些产业产值达到 5003.13 亿元，占全市 GDP 的 80% 以上，相比较前几年出现爆发式增长。但是，由于各种主观和客观因素的限制，这些产业短期内难以再出现大的增长，这就需要寻找新的工业增长点。因此，政府应在政策等方面鼓励其他产业的发展，同时在税收等方面给予优惠。另外，在保证大企业发展的同时，扶持中小型企业的发展。它们在促进市场竞争、增加就业机会、方便群众生活、推进技术创新、推动国民经济发展和保持社会稳定等方面，发挥着越来越重要的和不可替代的作用；中小企业也是建立社会主义市场经济体制的基础，并为大型企业提供配套服务及分工协作作出了重要贡献。②远和近的结合。工业发展不仅要考虑现在，而且也要考虑将来。有些省市政府为了实现经济增长，以破坏环境为代价，从长远的角度看是完全不可取的。国家已在重庆市批准设立了西永综合保税区、两路寸滩保税港区，这对“双子星座”为重庆市自贸区的批准奠定了基础。加上重庆的海陆空开放通道条件较好，具有开放型经济平台、开放型产业体系，同时重庆市在简政放权，此举有利于探索内陆开放新路子，推动“一带一路”战略，发展长江黄金水道上游经济，早日实现长江上游的经济中心。③整体和区域的结合。重庆作为“一带一路”和长江经济带的枢纽结点，在西部大开发、西南地区的发展上具有非常重要的战略意义。为此，重庆市已充分利用好渝新欧铁路，将有助于新丝绸之路的建设，降低国际物流成本。同时，重庆也在加快中缅油气管道昆明至重庆段的建设，加紧建设兰渝铁路、郑渝铁路、渝湘铁路、渝昆铁路和一大批主骨干高速公路，这将有利于开发沿线各种资源，将资源优势转化为经济优势，加快老、少、边、穷地区脱贫致富，全面建成小康社会的步伐，有效地提高沿线人民的生活水平。④内和外的结合。重庆两江新区成为继上海浦东新区、天津滨海新区之后，我国第三个国家级新区。两江新区既是长江上游地区的金融中心和创新中心，也是内陆地区对外开放的重要门户，还是科学发展的示范窗口。两江新区的建成有利于探索内陆地区开发开放的新模式，提升重庆市经济实力和综合竞争力，也有利于推动西部大开发，促进区域协调发展。⑤质和量的结合。毫无疑问，近十年来重庆市工业发展在数量上已取得巨大进步。在注重工业量增加的同时，更要注重工业质的提升，两者协调统一，从质和量的结合上提升工业总体水平。这就需要企业生产出更多优质产品，走向全国甚至世界。现在重庆拥有长安汽车、力帆汽车等知名自主品牌，但是还远远不够，还应该投入更多的研发经费，让更多的自主品牌享誉全国。⑥软和硬的结合。重庆市工业投资的硬环境已经不错，还需要进一步改善投资的软环境。例如，2011 年 2 月批准建立的中科院重庆绿色智能技术研究院已经正常运转。该研究院以促进“区域战略性新兴产业发展和生态环境建设”为目标，重点推进绿色三峡、3D 打印技术、工业机器人、石墨烯产业化等研究，并取得了重大进展，有利于提高该领域重庆工业增长的软实力。市政府应该争取吸引更多的国家级大院、大所，国内创新型大企业、跨国公司的技术研发中心和各类国家级产业技术研发机构将入驻重庆。另外，重庆市政府应争取更多的国家在重庆设立总领馆。建设中国西部领事高地，以加强对外经贸合作、文化交流和高层互访。

7.2.2　合理布局工业产业

重庆市是直辖市，但大城市、大农村、大山区、大库区并存，城乡区域差距大，仍处于欠发达阶段，属于欠发达地区。直辖以来，重庆市取得了长足的发展，但随着经济社会形势变化，各区县功能定位不明确、同质化发展、招商引资无序竞争等问题凸显。同时，重庆作为长江上游生态屏障，生态环境保护责任重大、任务艰巨。因此，促进重庆市工业可持续增长应该结合重庆市“五大功能区”发展规划，合理布局工业产业。具体来看：①都市功能核心区应以发展生产性服务业为主。都市功能核心区是国家中心城市的核心区域，重庆建市以来的政治、经济、文化中心；其核心就是要大力发展现代高端服务业。因此政府应该在该区域内布局生产性服务业，不仅能够大幅降低工业产值，增加服务业产值，还能完善城市功能，优化产业结构，提升现代都市形象，适当疏解人口、精细化城市管理、保护生态环境。②都市功能拓展区应以发展高端制造业为主。都市功能拓展区是国家中心城市的拓展建设区域。未来几年，重庆主城建成区将达到1188平方公里，几乎所有的待开发用地集中于此，是未来新增城市人口的重要集聚区，也是先进制造业集聚区，教育科研及商贸物流、会展等生产性服务业的集中布局区。此区域在优化结构调整时，更强调经济体量的快速增长。所以，在该区域内高校众多，拥有智力支持的强大优势，利用便利的交通运输，着重发展有高科技含量的先进制造业和都市工业，如 IT 电子等产业。③城市发展新区应以发展装备制造业为主。城市发展新区是按卫星城理念在主城区外围规划布局建设的城镇集群。它作为都市功能核心区和拓展区的有效辐射地带，既要做好与主城的联动，又要传递到周边，应充分利用过去积累的产业基础，着力布局发展重工业，包括重化工业、装备制造业、机械加工业等，特别是处于成渝经济区之间的荣昌、永川、潼南、铜梁等区县，要构建成为成渝经济区的城市集群。④渝东北生态涵养发展区与渝东南生态保护发展区应以发展农副食品加工业为主。渝东北和渝东南保护发展区按照以下三种类型发展：对万州进行重点开发，带动万州—开县—云阳特色产业板块；二是增强梁平、丰都、垫江、忠县、开县等国家农产品主产县农业综合生产能力，构建垫江—梁平—丰都—忠县农产品特色经济板块；三是增强城口、云阳、奉节、巫山、巫溪等国家重点生态功能县生态产品供给能力。

7.2.3　加强工业主导产业培育

重庆市工业的重点产业包括汽车摩托车产业、电子信息产业、装备制造业、资源加工业和高新技术产业等。这些产业产值占有一定比重，技术先进，增长率高，产业关联度强，对其他产业和整个区域经济发展有较强带动作用。在此基础上，重庆市提出了“6+1”的发展目标，即 6 个产业基地(汽车摩托车、装备制造业、石油天然气化工、材料加工、电子信息、能源产业)和 1 个支柱产业(劳动密集型产业)。因此，促进重庆市工业可持续增长关键还要加强工业主导产业培育，具体是做好以下几个重点产业的培育：①电子信息产业。电子信息产业是重庆市正在着力发展的高科技产业集群，其目标是打造 6000 亿笔记本电脑、2000 亿信息服务、1000 亿通信设备及物联网等 3 个千亿级产业集群，同时建成集成电路与元器件、光伏与 LED、智能仪器仪表等相关电子产业。②汽车工业和装备制造业。汽车工业和装备制造业是重庆市的传统优势产业，也是正在建设的支柱性产业集群。它以发展乘用车和摩托车两个产业集群为主，同时发展微型车、商用车和特种车等 3 个百亿级汽车产业集群。重庆市将成为国家现代装备制造基地和世界摩托车之都。③消费类制造业。消费类制造业以打造农副产品加工、医药及医疗器械制造 2 个千亿级产业集群为主。力争实现农业生产产值和食品加工产业产值的稳步提升，重点药品企业全部通过新版 GMP 认证。④综合化工产业。综合化工产业未来的发展是打造天然气化工、炼油石化、化工新材料、精细化工 4 个百亿级产业集群。目标是建成资源优化配置、竞争优势突出的综合性化工基地，实现工业总产值 2000 亿元。⑤材料产业。材料产业以发展钢铁、铝材料、新型建筑材料、玻璃纤维及复合材料、铜材料、玻璃及深加工、水泥及制品 7 个百亿级产业集群为主，力争发展成为西部地区的建材基地。

7.3　研究展望

工业可持续发展问题是工业经济研究中的热点问题，在不同时期、不同阶段都有学者从不同侧面切入展开研究探讨，积累了诸多研究成果，为本书写作奠定了坚实基础。本书的研究借鉴前人研究的成果，在对重庆工业可持续增长动力机制的研究中，量化和测度了重庆市工业可持续增长能力，分析了重庆市工业可持续增长能力的变化趋势及其影响因素，并对各个因素影响工业可持续增长能力的作用机理进行解析，从而有针对性地进行制度安排和设计，依靠制度约束和内在规律两者间的共同作用构建工业可持续增长的动力机制，推动重庆市工业可持续增长。但由于多方面的原因，研究还存在许多尚待完善的地方，对一些具体问题的研究也还有进一步拓展的空间。

第一，工业可持续增长是一个十分复杂的系统，难以将其精确量化。本书选取 4 个层次共计 64 个具体指标衡量量化重庆市工业可持续增长能力，无论是在指标数量上还是结构上都比以往研究有所改进。然而，由于工业经济运行中的影响因素太多，可能存在成千上万个影响因子，仅仅选取几十个可观测到的指标数据来量化工业可持续增长能力难免存在一定偏误。在今后的研究中，应该尽可能在数据挖掘方面有所突破，搜集更多工业经济运行统计数据，通过数据指标数量增加和结构优化逐渐“逼近”真实的工业经济运行，更为精确地量化工业可持续增长能力。

第二，本书在对重庆市工业可持续增长指数的测度中采用的是层次分析与灰色关联度相结合的方法，这种方法对于描述问题的样本容量没有严格要求，并且不要求服从任何分布，特别适合只有少量观测数据的问题研究，一定程度上克服了数据指标存在不足的问题。但是，层次分析和灰色关联相结合的方法仍存在一定局限性，对工业可持续增长评价指标体系存在人为的主观臆断。尽管邀请了许多产业经济领域的相关专家进行指标权重设定，但仍不能避免评价指标体系的主观性问题。未来进行类似研究应该在数据资源充裕的条件下，使用主成分分析、因子分析等通过数据本身规律进行降维处理的分析方法来评价工业可持续增长能力。

第三，由于数据搜集难度较大，本书分析重庆市工业可持续增长作用机理采用的是规范分析方法，这种分析方法从因果关系研究入手分析了各个具体因素对工业可持续增长能力的影响，反映了重庆市工业可持续增长的运行规律。但是，规范分析的研究结论可能与工业经济增长的实际情况存在偏差，需要进一步通过实证分析验证所提出的工业可持续增长内在机理假设是否真实有效。因此，后续研究拟在现阶段研究的基础上，搜集整理相关数据，利用系统仿真实证分析重庆工业可持续增长的内在机理，以期得到更为详尽的研究结论。

参考文献

[1] Ahluwalia I J. Industrial Growth in India: Stagnation since the mid-sixties[M]. Delh: Oxford University Press, 1985.

[2] Allen R C. The British industrial revolution in global perspective[M]. Cambridge: Cambridge University Press, 2009.

[3] Arrow K J. The economic implication of learning by doing[J]. Review of Economic Studies, 1962, 29: 155-173.

[4] Beck T, Levine R. Industry growth and capital allocation: does having a market-or bank-based system matter? [J]. Journal of Financial Economics, 2002, 64(2): 147-180.

[5] Chenery H B. Patterns of industrial growth[J]. The American Economic Review, 1960,

(4)：624-654.

[6] Ciccarelli C, Fenoaltea S. Through the magnifying glass: provincial aspects of industrial growth in post-Unification Italy[J]. The Economic History Review, 2013, 66(1): 57-85.

[7] Domar E D. Essays in the theory of economic growth[M]. Oxford University Press, 1957.

[8] Eliasson G. Micro heterogeneity of firms and the stability of industrial growth[J]. Journal of Economic Behavior & Organization, 1984, 5(3): 249-274.

[9] Fenoaltea S. Peeking backward: regional aspects of industrial growth in post-unification Italy[J]. The Journal of Economic History, 2003, 63(4): 1059-1102.

[10] Gao T. Regional industrial growth: evidence from Chinese industries[J]. Regional Science and Urban Economics, 2004, 34(1): 101-124.

[11] Grigorian D A, Martinez A. Industrial growth and quality of institutions: What do (transition) economies have to gain from the rule of law? [M]. World Bank Publications, 2000.

[12] Harrod R F. An essay in dynamic theory[J]. Economic Journal, 1939, 49(6): 14-33.

[13] Hausmann R, Hidalgo C A. The network structure of economic output[J]. Journal of Economic Growth, 2011, 16(4): 309-342

[14] Hirschman A O. The strategy of economic development[M]. New Haven, CT: Yale University Press, 1958.

[15] Kallioras D, Petrakos G. Industrial growth, economic integration and structural change: evidence from the EU new member-states regions[J]. The Annals of Regional Science, 2010, 45(3): 667-680.

[16] Landes D S. French entrepreneurship and industrial growth in the nineteenth century[J]. The Journal of Economic History, 1949, 9(1): 45-61.

[17] Lewis W A. Economic development with unlimited supplies of labour[J]. Manchester School, 1954, 22(2): 139-191.

[18] Lucas R E. On the mechanics of economic development[J]. Journal of Monetary Economics, 1988, 22(1): 3-42.

[19] Madani D. Regional integration and industrial growth among developing countries: The Case of Three ASEAN Members[M]. World Bank Publications, 2001.

[20] Plaut T R, Pluta J E. Business climate, taxes and expenditures, and state industrial growth in the United States[J]. Southern Economic Journal, 1983, 50(1): 99-119.

[21] Ranis G, Fei J C H. A theory of economic development[J]. American Economic Review, 1961, 51(9): 533-565.

[22] Romer P. Increasing returns and long-run growth[J]. Journal of Political Economy, 1986, 94(5): 1002-1037.

[23] Rosenberg A N. Changing technological leadership and industrial growth[J]. The Economic Journal, 1963, (289): 13-31.

[24] Ruttan V W. Technology, growth, and development: an induced innovation perspective [M]. Oxford University Press, 2000.

[25] Solow R M. A contribution to the theory of economic development[J]. Quarterly Journal of Economics, 1956, 70(1): 65-94.

[26] Solow R M. Technical change and aggregate production function[J]. Review of Economic and Statistics, 1957, 39: 312-320.

[27] Sturgeon T J. Modular production networks: a new American model of industrial organization[J]. Industrial and Corporate Change, 2002, 11(3): 451-496.

[28] Wang E C. A dynamic two-sector model for analyzing the interrelation between financial development and industrial growth[J]. International Review of Economics & Finance, 2000, 9(3): 223-241.

[29] 安梅梅，龚新蜀. 资源环境约束下的新疆工业可持续发展能力评价[J]. 价格月刊，2012，(1)：8-11.

[30] 包群，吕越，陈媛媛. 外商投资与我国环境污染[J]. 南开学报(哲学社会科学版). 2010，(3)：93-103.

[31] 陈涛. 基于AHP的灰色关联分析法在企业竞争力评价中的应用[J]. 内江师范学院院报，2008，(8)：58-61.

[32] 邓聚龙. 灰色系统基本方法[M]. 武汉：华中科技大学出版社，2005.

[33] 董逢谷，李文杰. 工业行业结构特征的因子分析[J]. 财经研究，2004，(11)：114-125.

[34] 冯宇，林逢春等. 基于DEA的上海市非中心城区工业生态效率研究[J]. 环境科学与管理，2013，(1)：141-146.

[35] 胡晶姝. 我国煤炭工业可持续发展评价研究[D]. 天津：天津大学，2007.

[36] 金桂生，潘慧灵. 基于AHP的灰色关联法在企业战略决策中的应用研究[J]. 组织与战略管理，2011，(9)：137-143.

[37] 李斌. 试对我国现行工业经济效益综合评价考核指标体系的探讨[J]. 时代金融，2011，(5)：53-54.

[38] 李春发，谭洪玲，王澜颖，等. 天津市工业行业全要素能源效率变动的影响因素分析[J]. 中国人口. 资源与环境，2012，(4)：156-162.

[39] 李峰，李新颖，钱耀军. 中国区域工业可持续发展研究[M]. 北京：化学工业出版社，2010.

[40] 李小双，孙慧，李苑. 基于DEA的新疆大中型工业企业技术创新效率研究[J]. 企业经济，2011，(10)：20-23.

[41] 刘睿劼，张智慧. 环境约束下的中国工业效率地区差异评价[J]. 长江流域资源与环境，2012，(21)：659-664.

[42] 刘玮，童光荣. 环境视角下我国工业行业能源效率特征及影响因素[J]. 中国地质

大学学报(社会科学版)，2010，(5)：33-37.

[43] 陆屹，朱永杰. 工业经济效益评价研究[J]. 技术经济，2011，(3)：64-67.

[44] 任毅，丁黄艳. 基于 DEA 模型的我国各地区私营工业企业生产效率评价[J]. 哈尔滨商业大学学报(社会科学版)，2013，(1)：48-53.

[45] 任毅，丁黄艳. 我国不同所有制工业企业经济效率的比较研究[J]. 产业经济研究，2014，(68)：103-110.

[46] 施洁，史学贵. 基础设施对工业效率的影响[J]. 经济问题探索，2012，(6)：47-53.

[47] 唐玲，杨正林. 能源效率与工业经济转型[J]. 数量经济技术经济研究，2009，(10)：34-48.

[48] 田民，刘思峰，卜志坤. 灰色关联度算法模型的研究综述[J]. 统计与决策，2008，(1)：24-27.

[49] 王茜. 基于科技进步的江苏省工业可持续发展研究[D]. 南京：南京航空航天大学，2008.

[50] 王喜平，姜晔. 碳排放约束下我国工业行业全要素能源效率及其影响因素研究[J]. 软科学，2012，(2)：73-78.

[51] 威廉・配第. 政治算术[M]. 马妍译. 北京：中国社会科学出版社，2010.

[52] 谢康，肖静华，周先波，等. 中国工业化与信息化融合质量：理论与实证[J]. 经济研究，2012，(1)：4-16.

[53] 谢友才，胡汉辉. 浙江省工业行业之结构效率分析[J]. 工业技术经济，2007，(1)：72-75.

[54] 吴海民. 中国工业经济运行效率研究[D]. 成都：西南财经大学，2005.

[55] 吴海民，薛文博. 通货膨胀影响工业经济运行效率吗[J]. 产业经济管理，2012，(10)：18-24

[56] 吴俊. 论工业经济效益综合指数[J]. 现代商贸工业，2011，(24)：23-24.

[57] 乌家培. 信息化与工业化的关系[J]. 冶金信息导刊，2002，(1)：10-12.

[58] 肖家兴，郑燕明，马强，等. 宁夏工业企业技术效率的测算及比较[J]. 统计与决策，2012，(22)：140-142.

[59] 闫冰，冯根福. 基于随机前沿生产函数的中国工业 R&D 效率分析[J]. 当代经济科学，2005，(6)：14-18.

[60] 杨海涛，完颜华，李佳，等. 灰色关联法和层次分析法在工程方案优选中的应用[J]. 环境科学与管理，2008，(6)：69-72.

[61] 张涛. 基于企业绩效评价理论体系构建的思考[J]. 经济研究参考，2005，(3)：19-23.

[62] 张雪玲. 浙江工业经济效益状况的实证分析[J]. 浙江社会科学，2007，(4)：99-104.

[63] 周德群，汤建影．能源工业可持续发展的概念、指标体系与测度[J]. 煤炭学报，2001，(5)：449-454.

[64] 朱钟棣，李小平．中国工业行业资本形成、全要素生产率变动及其趋异化：基于分行业面板数据的研究[J]. 世界经济，2005，(9)：51-62.

[65] 朱颖超．我国石油工业可持续发展评价与预测研究[D]. 青岛：中国石油大学(华东)，2010.

附　录

本书是在重庆市重大决策咨询项目《重庆工业可持续增长动力机制研究(2013-ZB-09)》研究成果基础上修改而成的学术专著，除了《重庆工业可持续增长动力机制研究》研究报告之外，还收录了依托项目所发表的相关研究成果。

附录一　重庆市新型工业化发展趋势与水平测度研究*

黄庆华　刘晗　曹祖文　张明

（西南大学经济管理学院，重庆　400715）

摘要：重庆市自实施新型工业化发展战略以来，经济水平不断提高，工业实力显著增强，回顾和总结近年来实行新型工业化所取得的成绩和经验教训，对于今后的工业发展有积极的促进作用。本文构建新型工业化评价指标体系，运用层次分析法和灰色关联分析法测度了重庆市新型工业化水平及发展趋势。研究结果表明：重庆市新型工业化发展经历了先上升后下降的过程，传统优势产业的新型工业化水平较高，部分未来将重点发展的产业的新型工业化水平还有待进一步提升。为此，本文提出一些对策建议和措施，以期为新一轮新型工业化发展战略的实施提供参考。

关键词：新型工业化；工业可持续发展；战略转变；发展趋势；水平测度

一、引言

改革开放以来，我国积极利用土地、自然资源和劳动力等方面的比较优势，

---

* 论文发表于《重庆大学学报(社会科学版)》(CSSCI 来源期刊)2013 年第 6 期

并寻求与国外资本、技术、标准、跨国经营网络等优势资源的结合，在国内工业化优先发展战略的支持下迅速融入全球垂直专业化分工体系，实现了工业经济的快速增长。但随着国内生产成本不断上升，资源环境压力不断增大，长期高投资高消耗的“粗放型”工业发展模式显得难以为继。特别是在2008年爆发全球金融危机以后，欧美国家的“再工业化”战略使其高端制造业逐渐向本土转移，而东南亚新兴经济体国家凭借资源要素成本优势不断吸引传统制造业向外转移，对我国工业发展造成“双重挤压”。工业发展正面临前所未有的困境，迫切需要进行战略性的转变。为此，“十六大”报告首次提出新型工业化道路的任务和基本要求。“十七大”报告进一步指出要坚持走新型工业化道路，着力优化产业结构。在“十二五”规划纲要及最近几年的政府工作报告中都对新型工业化提出新的要求，强调要推进自主创新，调整和优化产业结构，大力培育战略性新兴产业，加快转变经济发展方式，构建现代产业体系。“十八大”报告更加明确了坚持走中国特色新型工业化道路，推动信息化和工业化深度融合。这一系列重要的政策措施为我国工业今后的发展指明了方向，新型工业化道路成为工业发展战略性转型的基本导向。

重庆是我国中西部地区唯一的直辖市，也是我国西部的工业重镇，肩负着带动西部地区经济发展的重任。直辖15年来，经济实力显著增强，特别是在实施新型工业化战略以来，工业发展不断提速，近两年来增速位居全国第一。2011年，重庆市工业生产总值为4690.46亿元，占地方生产总值的46.9%，对地方生产总值的贡献率达到63.3%，已处于工业化中期阶段。但也应当注意到，重庆市工业增加值仅排在全国22位，工业规模还不大，实力还不强，科技水平还有待进一步提升。2012年8月，重庆市委、市政府联合下发的《中共重庆市委　重庆市人民政府关于推进新型工业化的若干意见》对当前重庆市工业现状和面临的形势进行了科学的研判，明确了今后的重点任务，制定了未来的战略规划，进而将掀起新一轮的新型工业化浪潮。为此，回顾过去几年来重庆市工业发展所取得的成绩，总结经验教训，对于继续坚持走新型工业化道路有着重要的意义。

二、文献综述

（一）新型工业化与传统工业化的区别

吕政[1]认为我国新型工业化道路与过去传统工业化道路的区别在于坚持公有制为主体，多种所有制并存的方针，充分发挥市场机制作用。任保平[2]认为与传统工业化相比，新型工业化强调转变政府职能，实现资源配置的市场化。简新华和向琳[3]则认为新型工业化道路的优越性体现在以信息化为带动，集约型增长为主，机械化与就业相协调。辜胜阻和郑凌云[4]提出区别“新”、“旧”工业化的重要标志在于向以民间资本推动、技术创新为竞争优势、大中小企业分工协作、强调人力资本开发和集约型集群发展模式等五个方面转变。刘世锦[5]则指出利用高新技术对传统产业的融合和改造是新型工业化最为重要的标志。可见，新型工业化既要做到经济效益好，科技含量高，还要保证资源消耗低，环境污染少，同时要充分发挥人力资源优势。

（二）新型工业化战略的必要性

黄范章[6]认为引进发达国家的过剩资本和先进技术，与我国在劳动力资源上的比较优势相结合，可以加快工业化进程，同时避免走发达国家“先污染、后治理”的老路，实现低污染、低耗能的可持续发展。郭祥才[7]指出新型工业化道路是我国实现生产力跨越发展的必然选择，将充分发挥后发优势，促进工业经济实现跨越式的发展。何国勇和徐长生[8]认为比较优势和后发优势是发展中国家竞争优势的主要来源，比较优势的提升需要以后发优势为动力，而后发优势的发挥也需要靠比较优势来积累和创造，我国的新型工业化道路是依靠两种优势相互协调、相互促进最终实现工业的跨越式增长。

（三）如何实现新型工业化

新型工业化的本质在于利用比较优势和后发优势实现工业的跨越式发展，关键在于如何走好工业发展之路。曹建海和李海舰[9]提出走新型工业化道路要调整所有制结构，转换政府职能，使生产组织逐渐社会化，以信息化为带动，积极利用外资和引进先进技术，大力推动科技进步和发展教育，正确处理人口、资源与环境的关系，实现工业协调、稳定、可持续发展。陈佳贵和黄群慧[10]认为实施新型工业化战略要重视技术的自主创新，加大对基础科学研究的投入，转变经济增长方式，明确三次产业的战略使命和发展定位，继续深化市场化改革。

（四）新型工业化水平测度

在对新型工业化的实证研究中，陈佳贵和黄群慧[11]、谢春和李健[12]通过构建新型工业化评价指标体系，测度了我国新型工业化的发展水平。朱南和刘一[13]、庞瑞芝和李鹏[14]采用时间序列数据，利用数据包络分析法计算我国新型工业化效率。渠爱雪[15]、林春艳和姜慧[16]，李世英和李亚[17]、李飞等[18]、罗永乐[19]则是运用层次分析、因子分析等多指标综合评价方法测算某一地区的新型工业化水平，并比较不同地区新型工业化程度。

从已有的研究成果来看，理论研究较为成熟，已基本形成完整的研究体系，而实证研究则还处于起步和探索阶段。本文利用 AHP-Grey 综合评价法进行实证研究，使用 2003 ～2011 年的时序数据分析了重庆市新型工业化发展趋势，采用 2011 年的截面数据测度了重庆市各工业行业新型工业化水平。本文的研究与以往实证研究成果的不同和创新之处在于：①已有的实证研究文献偏重于实证结果的计算和对策建议的提出，缺乏对实证结果的分析与讨论，如李飞等[18]。本文除了实证测度重庆市新型工业化发展趋势和水平外，还着重规范分析发展趋势和水平变动的原因，不仅研究“是什么”，还解释“为什么”；②现有文献均是对某一区域的新型工业化发展水平进行一个笼统的评价，没考虑不同工业行业间的差异。本文则是从产业的视角出发，比较一定区域内不同类型产业的新型工业化水平，衡量其可持续发展的潜力，对于工业经济政策的制定具有现实的参考价值。

三、研究设计

(一)方法选用和数据来源

层次分析法是一种多准则决策方法，它将决策问题的相关元素分解为目标、准则和方案等不同层次，以一定的标度将人的主观判断进行层次化、数量化。层次分析法可以对所构建的指标体系中的指标进行主观排序，并用科学的计算方法为其赋予不同的权重，建立具有层次性的指标体系。灰色关联分析法是一种系统的关联度分析方法，根据因素之间发展态势的相似或相异程度衡量因素间的关联程度，对样本量的多少特定没有要求。层次分析法和灰色关联分析法解决了实证分析需要克服的问题，从逻辑上讲，综合运用这两种方法正好可以分析本文所要研究的问题。

本文所使用的数据均来源于 2004 ～2012 年的《重庆市统计年鉴》，数据处理分为两个部分：第一部分是对重庆市新型工业化发展趋势的研究，采用 2003 ～2011 年这一时期共计 9 年的统计数据；第二部分是对重庆市各工业产业新型工业化水平的测度，采用 2011 年的截面数据，选取按行业分的规模以上工业企业数据。由于 2012 年的《重庆市统计年鉴》的统计口径有较大改变，没有工业增加值的统计数据，本文采取数据模拟的办法，对过去几年的数据进行回归预测，得到2011年重庆市各工业产业的工业增加值。

(二)指标选取及权重计算

本文在参考相关实证研究成果的基础上，构建一个由目标层、领域层和基础指标层所组成的3层次新型工业化评价指标体系。[11-19]

表1　新型工业化水平评价指标体系

目标层	领域层	权重	基础指标层	权重
新型工业化水平	科技含量	0.4673	科技人员比重/%	0.26402
			科技机构投入比重/%	0.02584
			产品研发投入率/%	0.12253
			新产品产值占比/%	0.05491
	经济效益	0.2772	工业增加值率/%	0.07268
			总资产贡献率/%	0.01533
			成本费用利润率/%	0.03257
			产品销售率/%	0.15662
	资源利用和环境保护	0.1601	产值能耗/(吨标准煤/万元)	0.09046
			单位工业废水排放量/(万吨/万元)	0.01881
			单位工业废气排放量/(亿标立方米/万元)	0.00885
			单位工业固体废物排放量/(万吨/万元)	0.04198
	人力资源	0.0954	工业从业人员比重/%	0.07155
			工业全员劳动生产率/[元/(人·年)]	0.02385

如表1所示，目标层为新型工业化水平，领域层分为4个部分，分别是：科技含量、经济效益、资源利用和环境保护、人力资源，每个领域层下面又包含几个具体指标。在建立指标体系后，需要对各指标进行赋值与计算，并进行一致性检验。第一步，构建判断矩阵对各指标进行一对一比较，并用“1～9”标度法按其重要性进行赋值，确定各指标的相对重要性。第二步，对标准矩阵进行归一化处理，将其转化为标准矩阵，再按标准矩阵的行求出平均值便可得到对应指标层权重。① 第三步，进行一致性检验，判断各指标是否有满意的一致性。② 经计

① 本文采用的方法是求每行元素的乘积，再用各行元素除以行乘积的总和

② 先计算判断矩阵的最大特征根 λ_{max}，再根据公式 $CI=(\lambda_{max}-n)/(n-1)$ 计算出 CI 的值，根据矩阵的阶数表可得 RI 的相关数值，最后根据 RI/CI 的值就可以求出对应的一致性比率

算，领域层一致性比率为0.1，基础指标层一致性比率均为0.0438，均小于或等于0.1，通过一致性检验，最终得到如表1所示的权重计算结果。

四、重庆市新型工业化发展趋势

设X_{tj}为重庆市新型工业化发展在第t年第j个指标的原始数据，选择t年中第j个指标的最优值记为X_{0j}。为消除不同的量纲和数量级，对原始数据进行“无量纲化”处理，得到无量纲化后的数据和第j个指标的最优值，分别记为λ_{tj}和λ_{0j}。① 按以下公式计算第t年第j个指标与第j个指标最优值的灰色关联系数：

$$\xi_{tj}=\frac{\min_t\min_j\left|\lambda_{0j}-\lambda_{tj}\right|+\rho\max_t\max_j\left|\lambda_{0j}-\lambda_{tj}\right|}{\left|\lambda_{0j}-\lambda_{tj}\right|+\rho\max_t\max_j\left|\lambda_{0j}-\lambda_{tj}\right|}$$

其中，分辨系数$\rho\in[0,1]$，ρ一般取值为0.5。ξ_{tj}为重庆市新型工业化发展第t年的第j个指标与第j个最优指标的关联系数。最后，按以下公式计算在第t年的新型工业化水平的灰色关联度：

$$\gamma_t=\sum_{j=1}\xi_{tj}\omega_j$$

其中，ω_j为前述各基础指标的权重，γ_t为重庆市第t年的新型工业化发展水平的灰色关联度，γ_t取值范围为$0\leqslant\gamma_t\leqslant1$。$\gamma_t$数值越大，说明在样本区间内该年的新型工业化发展水平越高。

选取2003～2011年共计9年的时序数据，按照灰色关联算法计算重庆市在样本期内各年的新型工业化水平，得到的结果如图1所示。从中可以看出，重庆市自实施新型工业化发展战略以来，在2003～2008年这一时期内新型工业化水平不断提高，2008年达到最高值，但是自2008年以后新型工业化水平就开始逐年下降，2011年的新型工业化灰色关联度数值仅相当于2007年的水平。

2008年爆发的全球性金融危机虽然没有影响到我国金融体系，但却严重影响我国实体经济发展，特别是以出口贸易为主的产业发展，重庆市的工业产业也受到冲击。由于内需不足，加之产品出口受阻，进而导致产业产能过剩，工业经济下行压力不断加大，企业只能增加科技研发的投入力度，减少产品产量，以提高产品科技含量和加大新产品的研发力度维持企业的市场份额。重庆市工业产业在2008年的科技费用投入为历年之最，这就解释了为什么在爆发金融危机的2008年，新型工业化水平最高。

① 本文采取“0-1”标准化法进行处理，公式为：$\lambda_{ij}=(X_{ij}-\min X_j)/(\max X_j-\min X_j)$，$\lambda_{ij}$的取值范围为：$0\leqslant\lambda_{ij}\leqslant1$。

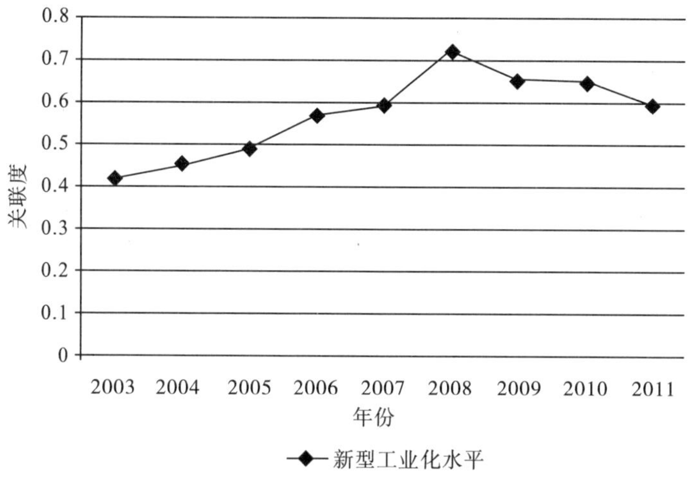

图 1　2003 ～2011 年重庆市新型工业化发展趋势

随着国家“四万亿计划”的提出，以政府为主导对基础设施项目的投资使得重庆市的工业经济在 2008 年受到阻碍后又开始高速增长。尽管以政府投资拉动经济增长的方式使重庆市工业总产值在 2008 年以后得到快速增长，但同时也抑制了工业产品科技含量的提高，大中型企业失去了科技研发投入的动力，致使在最近几年内工业总产值在逐步提升的同时，科技研发费用投入却在逐年下降。虽然近年来节能减排效果显著，工业产值能耗和“三废”排放量逐渐降低，资源和环境问题日益得到改善，但总体来看，重庆市新型工业化水平还是在逐年下降。从发展趋势上看，如果不能尽快改变依靠政府投资的经济增长方式，则重庆市新型工业化水平在未来有可能进一步的降低。

五、重庆市各工业行业新型工业化水平测度

设 γ_i 为重庆市第 i 类产业的新型工业化水平，按照前述灰色关联算法计算各工业行业在 2011 年的新型工业化发展程度的灰色关联数值，得到 36 个工业行业的新型工业化水平如表 2 所示。

（一）总体情况分析

从 2011 年重庆市各工业产业新型工业化水平的排名上来看：①重工业部门的新型工业化程度要优于轻工业部门，重工业发展状况较好，原因在于重庆市工业一直以来以重工业发展为导向，重工业发展基础牢固。②制造业的新型工业化水平普遍较高，排名前 10 位的产业中有 8 个都属于制造业。作为重庆市工业主

导行业的制造业新型工业化程度高，源于制造业的集群效应显著，配套设施完善，研发能力突出。③重庆市的传统优势产业如仪器仪表、通用设备、专用设备、交通运输设备制造业的新型工业化水平分别排名第1、3、4、5位，远远高于其他产业部门，表明具有一定工业基础的产业部门的新型工业化水平普遍较高，进一步验证了集群效应对提升新型工业化水平有显著的促进作用。

表2　2011年重庆市各工业行业的新型工业化水平

产业	新型工业化水平	排名	产业	新型工业化水平	排名
仪器仪表及文化、办公用机械制造业	0.72874	1	农副食品加工业	0.47959	19
医药制造业	0.68452	2	文教体育用品制造业	0.47575	20
通用设备制造业	0.62820	3	燃气生产和供应业	0.47355	21
专用设备制造业	0.62174	4	化学原料及化学制品制造业	0.47319	22
交通运输设备制造业	0.58639	5	印刷业、记录媒介的复制	0.47157	23
有色金属矿采选业	0.57274	6	皮革、毛皮、羽毛(绒)及其制品业	0.46922	24
烟草制品业	0.56583	7	橡胶及塑料制品业	0.46174	25
饮料制造业	0.52573	8	木材加工及木竹藤棕草制品业	0.46020	26
家具制造业	0.51764	9	化学纤维制造业	0.45383	27
石油加工、炼焦及核燃料加工业	0.51685	10	废弃资源和废旧材料回收加工业	0.45240	28
电气机械及器材制造业	0.50509	11	纺织服装、鞋、帽制造业	0.44450	29
黑色金属矿采选业	0.50137	12	煤炭开采和洗选业	0.43743	30
非金属矿采选业	0.50066	13	水的生产和供应业	0.43303	31
金属制品业	0.48801	14	黑色金属冶炼及压延加工业	0.43013	32
通信设备、计算机及其他电子设备制造业	0.48634	15	电力、热力的生产和供应业	0.42600	33
食品制造业	0.48574	16	石油和天然气开采业	0.42465	34
纺织业	0.48567	17	造纸及纸制品业	0.42215	35
有色金属冶炼及压延加工业	0.48363	18	非金属矿物制品业	0.42191	36

(二)重点行业分析

1. 电子信息产业

电子信息产业是重庆市正在着力发展的高新科技产业集群，规划发展成为集笔记本电脑、信息服务、通信设备及物联网为一体的具有国际影响力的电子信息产业基地。但是就目前情况看，要实现上述目标还任重而道远。2011 年通信设备、计算机及其他电子设备制造业的新型工业化水平仅排在第 15 位，产业基础薄弱和科技研发能力不足是当前电子信息产业面临的主要问题。究其原因，在于重庆市近年所引进的电子信息企业大多缺乏核心技术的研发能力，主要通过为国外品牌产品代工生产以赚取微薄利润，处于产业链的低端环节。电子信息产业纯生产行为科技含量较低，企业发展潜力小，产业可持续性弱，因此迫切需要引进具有核心竞争力的企业，建立科技研发基地，形成既有横向产业链竞合又有纵向价值链拓展的整合式电子信息产业集群。

2. 汽车工业和装备制造业

汽车工业和装备制造业是重庆市传统优势产业，也是正在建设的主导和支柱性产业集群，拟规划建成国家现代装备制造基地和世界摩托车之都。从 2011 年的数据来看，通用设备、专用设备、交通运输设备和电气机械及器材制造业的新型工业化水平分别排在第 3、4、5、11 位，表明汽车工业和装备制造业的新型工业化程度较高，这主要源于“三线建设”时期所打下的坚实基础。现阶段汽车工业和装备制造业产业基础牢靠，配套设施完善，竞争能力强，但作为工业经济的支柱性产业，还应该把握国内外市场需求变化，进一步提升自主创新能力，以应对未来的不确定性风险。

3. 消费品类制造业

消费品类制造产业是重庆市新型工业化建设的重点内容，以打造农副产品加工、医药及医疗器械制造为主。农副产品加工是农业产业链的延伸，不仅是产业自身，还关乎农业现代化的推进。目前农副食品加工业的新型工业化水平仅排在第 19 位，主要是因为该产业正处于发展的起步阶段，发展基础还未打牢，产业体系尚未形成。产品创新和品牌塑造是农副产品加工业发展的突破口。医药制造业的新型工业化水平排名第 2，仅次于仪器仪表及文化、办公用机械制造业，已达到新型工业化发展的要求，今后的重点仍然是以提高科技创新能力为主。

4. 综合化工产业

综合化工产业发展的目标定位是建成资源优化配置、竞争优势突出的综合性化工基地。但就 2011 年的情况看，化学原料及化学制品制造业新型工业化水平仅排名第 22 位，产业发展尚未达到新型工业化的要求。科技研发不足，产值能耗高，工业“三废”污染严重是制约化学原料及化学制品制造业新型工业化程度提升的主要因素，原因在于企业过于追求经济效益，缺乏必要的科研投入，导致生产过程高耗能和高污染问题严重。作为重庆市工业发展的重点，综合化工产业的发展应以加强节能减排技术的研发为主。

5. 材料产业

材料产业的规划发展目标是成为西部地区的建材基地。就目前情况看，金属制品业 2011 年的新型工业化水平排名第 14 位，基本符合新型工业化的发展要求，但是非金属制品业 2011 年的新型工业化水平排名第 36 位，在重庆市各工业中新型工业化程度最低，表明非金属制品业依然采取粗放型增长模式，单纯追求经济利益，没有达到新型工业化的发展要求，科技研发投入严重不足，产值能耗巨大，工业“三废”排放量高，可持续发展能力弱。材料产业必须要转变增长方式，把发展重心转移到降耗减排上去，才能够获得可持续发展的动力。

六、结论与建议

本文构建新型工业化评价指标体系，利用 2003 ～2011 年的年度数据测度重庆市新型工业化发展水平，分析重庆市新型工业化的发展趋势，使用 2011 年重庆市工业经济发展的截面数据计算各工业产业的新型工业化水平，并对重点产业部门进行分析。研究结果表明：①重庆市新型工业化发展以 2008 年为拐点经历了一个先上升后下降的过程，科技研发投入不足是导致新型工业化水平降低的重要原因，如不及时采取措施，未来新型工业化水平还会继续降低；②重工业部门在新型工业化进程中领先于轻工业部门，制造业的新型工业化水平普遍较高，传统优势产业的新型工业化程度明显优于新兴产业；③作为重庆市未来重点发展的电子信息、农副产品加工、综合化工及非金属材料制造等产业的新型工业化程度还不高，科技研发投入不足，产业集群尚未形成；综合化工和材料产业产值能耗高，污染较为严重。

为此，重庆市应该继续坚持走新型工业化的发展道路，推进信息化和工业化的深度融合，以信息化带动工业化，提升传统产业竞争力，重点培育和发展新兴产业，全面加快新型工业化进程。具体来讲：①推进产业集群式发展。产业集群式发展是重庆市深入新型工业化必须坚持的基本原则，在未来应该继续做强做大"6+1"支柱产业体系，重点打造电子信息、汽车工业和装备制造、农副产品加工、医药制造等行业的7个千亿级产业集群。突出产业集群优势，优化资源配置，提高物流效率，降低物流成本，推动生产、生活服务业协同发展。②提升自主创新能力。加大科技研发投入，提升自主创新能力是提高新型工业化水平的有效途径，也是新型工业化战略的根本要求。应该着力提升工业产业的自主创新能力，引导企业实施技术改造专项计划，进行新产品研发。同时，推进"产学研用"协同创新体系建设，合力开展技术公关，进行重大关键共性技术和前沿技术研发，使企业逐步转变为依靠技术改造和创新驱动作为发展的基本动力。③重视节能减排。降低工业能耗，减轻环境污染既是新型工业化战略的基本要求，也是工业可持续发展的前提。未来应该重视节能减排技术的研发和运用，合理使用资源，通过使用清洁能源和对资源的循环利用降低产值能耗，减少工业"三废"排放。坚持绿色发展，走可持续发展的道路，使之符合新型工业化发展战略的要义。④加强人力资源开发和保障。一方面要加强劳动力保障，特别是重视职业教育的发展，促进人口红利发挥更大作用；另一方面要加大产业科技研发人员的培养，增强对创新型团队和人才的引进力度，为产业的转型升级和科技创新提供人才支撑，以人力资本投入带动工业经济增长。

参考文献

[1] 吕政．我国新型工业化道路探讨[J]．经济与管理研究，2003，(2)：3-10.

[2] 任保平．新型工业化：中国经济发展战略的创新[J]．经济学家，2003，(3)：4-11.

[3] 简新华，向琳．论中国的新型工业化道路[J]．当代经济研究，2004，(1)：32-38.

[4] 辜胜阻，郑凌云．新型工业化与高技术开发区的二次创业[J]．中国软科学，2005，(1)：15-22.

[5] 刘世锦．正确理解"新型工业化"[J]．中国工业经济，2005，(11)：5-9.

[6] 黄范章．从世界的视野看我国新型工业化道路[J]．中国工业经济，2003，(6)：50-54.

[7] 郭祥才．马克思主义跨越发展理论与中国新型工业化道路[J]．中国社会科学，2003，(6)：4-13.

[8] 何国勇，徐长生．比较优势、后发优势与中国新型工业化道路[J]．经济学家，2004，(5)：16-22.

[9] 曹建海，李海舰．论新型工业化的道路[J]．中国工业经济，2003，(1)：56-62.

［10］陈佳贵，黄群慧．工业发展、国情变化与经济现代化战略——中国成为工业大国的国情分析［J］. 中国社会科学，2005，（4）：4-16.

［11］陈佳贵，黄群慧．工业现代化的标志、衡量指标及对中国工业的初步评价［J］. 中国社会科学，2003，（3）：18-28.

［12］谢春，李健．中国特色新型工业化评价指标体系构建及实证分析［J］. 系统工程，2011，（3）：74-80.

［13］朱南，刘一．中国地区新型工业化发展模式与路径选择［J］. 数量经济技术经济研究，2009，（5）：3-16，106.

［14］庞瑞芝，李鹏．中国新型工业化增长绩效的区域差异及动态演进［J］. 经济研究，2011，（11）：36-47，59.

［15］渠爱雪．江苏省新型工业化水平综合测度研究［J］. 经济地理，2006，（1）：55-59，65.

［16］林春艳，姜慧．新型工业化评价指标体系构建及实证分析［J］. 技术经济，2008，（2）：58-63.

［17］李世英，李亚．新型工业化发展水平评价指标体系的构建及实证研究——基于陕西的数据［J］. 当代经济科学，2009，（9）：28-35.

［18］李飞，宋玉祥，潘志．老工业基地新型工业化水平评估及发展研究——以辽宁为例［J］. 经济问题，2009，（12）：123-125.

［19］罗永乐．西部地区新型工业化水平动态分析——基于西部大开发的视角［J］. 经济地理，2012，（2）：27-3.

附录二　战略性新兴产业微观主体协同创新的风险控制机制研究*

杜勇　黄庆华　张卫国

（西南大学经济管理学院，重庆　400715）

摘要：战略性新兴产业微观主体在协同创新过程中表现出的利益分享性、风险共担性、整体协调性以及动态复杂性等行为特征，全面、深入地分析参与协同创新的各类微观主体在合作创新中可能出现的道德风险、产权风险、协调风险、资金风险、技术风险、环境风险等，对各类风险产生的原因及其给参与协同创新的其他企业带来的危害进行识别和论述，并有针对性提出一套完整的风险控制机制，以使协同创新各方主体能够发挥联合优势、互补效应，使他们快速提高自身的技术创新能力、更好地适应动态多变的外部环境。

关键词：战略性新兴产业；微观主体；协同创新；风险

一、引言

在信息技术飞速发展、网络知识日新月异的今天，单个微观主体很难凭借自身力量在行业中发展壮大，特别是对于技术密集型的战略性新兴产业的微观主体而言，传统的技术创新模式已经无法满足微观主体自身的发展需要，亦无法迎合整个行业的增长步伐。此时，微观主体之间的协同创新模式无疑是最为恰当的选择，协同创新主体之间通过取长补短、优势互补、资源共享等方式达到共赢，这不仅能够增强参与创新的各个微观主体的竞争实力，而且还能带动整个战略性新兴产业的快速发展。然而，参与协同创新过程的各个微观主体之间由于地理位置、行业壁垒、文化背景以及管理理念等方面存在诸多的不同，加上在创新过程各个微观主体存在信息上的不对称，这就导致了微观主体在协同创新过程中可能存在创新失败、商业机密泄露甚至倒戈等方面的风险，因此，为了确保各个微观

---

*（论文发表于《科技进步与对策》（CSSCI 来源期刊）2014 年第 12 期

主体的利益在协同创新过程中不受侵害，充分发挥协同创新的合作优势和效果，各方主体必须对协同创新过程中可能存在的各种风险进行识别和防控，以此保障战略性新兴产业的健康稳定发展。

关于战略性新兴产业协同创新领域的文献并不多见，已有的文献主要从三个方面展开研究：其一是战略性新兴产业协同创新的特点研究。Corning 将协同定义为“然或社会系统中两个或两个以上的子系统要素或者人之间通过相互依赖形成的联合效应”[1]，陈劲认为协同创新的本质是企业、政府、知识生产机构、中介机构和用户等为了实现重大科技创新而开展的大跨度整合的创新组织模式[2]；汪秀婷认为，协同创新具有系统性、动态性、开放性三个特点，能表现出放大效应、互补效应、优化效应以及整合效应。其二是战略性新兴产业协同创新的功效研究[3]。Klepper 强调了技术合作和创新在发展战略性新兴产业中的重要作用[4]；马德秀认为产学研用合作创新最有利于培育和发展战略性新兴产业[5]；温兴琦、李燕萍揭示了识别和发挥领导型用户对于促进战略性新兴产业健康快速发展的重要作用[6]。其三是战略性新兴产业协同创新的途径研究。Cohen 和 Levinthal 认为[7]，企业要想实现协同创新必须先拥有自己有价值的技术知识，汪秀婷提出了实现战略性新兴产业协同创新的三条基本路径[8]：基于协同平台的主体间的深度合作(实现能力对接)、基于产业链推进价值创新链的协同(实现效率提升)、基于技术和市场耦合过程的协同(实现绩效最优)，吴绍波等认为知识创新链是战略性新兴产业协同创新的重要途径，并且可以采取构建知识创新链的共生创新系统、选择合适的合作伙伴、公平合理地分配利益、加强成员之间的信任等手段提高协同创新效率[9]。吴绍波、顾新分析了通过选择多主体共同治理模式、建立健全治理体系来创新生态系统，进而实现战略性新兴产业的协同创新[10]。从已有的文献来看，很少有专门讨论和分析战略性新兴产业协同创新中风险问题的研究文献，仅谢科范[11]、吴涛[12]、郭鹏等[13]对高新技术企业的技术风险进行了分析和评价，但他们的研究忽视了对战略性新兴产业协同创新中可能出现的道德风险、产权风险、协调风险、环境风险等其他类别风险的分析和控制，而且也只是从单一的企业内部视角对风险的识别和控制进行了分析，并没有考虑到协同创新过程中企业和政府、银行、技术外包方、中介机构等外部微观主体之间的协调、合作冲突，而这些冲突的识别和化解更是关系到战略性新兴产业协同创新成功与否的关键。基于此，本文全面、深入地分析参与协同创新的各类微观主体在合作创新中可能出现的道德风险、产权风险、协调风险、资金风险、技术风险、环境风险等，对各类风险产生的原因及其给参与协同创新的其他企业带来的危害进行识别和论述，并有针对性提出一套完整的风险控制机制，以使协同创新各方主体能够发挥联合优势、互补效应，使他们快速提高自身的技术创新能力、更好地适应动态多变的外部环境。

二、战略性新兴产业协同创新微观主体类别与行为特征

要正确识别协同创新过程中存在的各种风险，首要的任务是弄清楚战略新兴产业协同创新的微观主体有哪些？各类别的微观主体又具备哪些特征？由协同理论来解释的协同创新内涵是指不同创新主体以合作各方的共同利益为基础，既相互竞争、制约，又相互协同、受益，使各个创新要素有机融合，通过复杂的非线性相互作用产生企业自身所无法实现的整体协同效应的过程[14]。根据这一内涵，可归纳出战略性新兴产业协同创新的微观主体不仅包括传统创新过程中的技术人员、企业、科研单位，还包括研发团队、政府、银行、技术外包方、中介机构等，他们的关系在协同创新中表现为相互依赖、协同共进、相互制约、有机融合。按照战略性新兴产业发展的特点，各类协同创新的微观主体呈现出以下行为特征。

(一)利益分享性

协同创新强调各个参与主体要以整体利益为出发点，顾及大局，创新的产品或技术对于参与各方都是有利的，而且应该要大于单个参与主体自身创造的价值。各个微观主体在整个创新协同创新过程以及创新成果出来后的利益分享机制，这种利益分享比例可以按照参与协同创新的各个微观主体做出贡献的大小程度进行确定，这样能够确保各个利益相关者的利益能够按劳分配、按能分享、按绩分奖。

(二)风险共担性

作为协同创新的微观主体，在分享协同创新收益的同时，都要承担创新过程中可能发生的各种风险。由于科技创新，特别是技术创新的过程中，投资于研究开发和发明成果商业化所具有的风险比一般的产品生产、设备安装要高得多，而且呈现出投入高、持续长、结果不稳定等特征，一旦出现失误，单个的创新主体往往无法独自承受，这也需要参与协同创新的各个微观主体共同承担来分散每个主体的风险。

(三)整体协同性

协同创新的主要特点之一是整体协同性。它体现在创新要素协同和创新主体

协同两个层面。创新要素协同强调的是各个创新主体在协同创新过程中，要以提高整体协同度为目标，使各种创新相关要素如市场、技术、人员、战略、制度、组织、管理、资源等实现有机配合，通过复杂的非线性相互作用产生单个要素所不能实现的整体协同效应[15]。创新主体协同强调的是利用科技中介在政府、创新企业、银行等金融机构以及其他利益相关者之间发挥中介桥梁的作用，实现各个微观主体的相互协调、优势互补、资源共享，以发挥单独微观主体无法达到的整体协调效应。

(四)动态复杂性

在协同创新过程中，技术、人员、制度、组织、管理、资源等各类要素需要在创新的不同阶段、不同层次以及不同领域发生流动，以实现各种要素的优化配置和有效整合，这体现了协同创新的动态性。此外，从创新模式来看，在不同创新阶段不同的创新使命使得协同方式、创新模型等也呈现出较大的差异性，具体表现为创新主体的多元化、创新要素的多样性、创新手段的多变性，而且各个要素之间是通过多种发生机制复杂的、非线性的相互作用而实现有效整合，这些体现了协同创新的动态复杂性[16]。

由此看来，协同创新可以弥补战略性新兴产业活动过程中单个上市公司在研发投入、技术力量、风险防范以及创新环境等方面的不足，各方利益主体可以通过签订协议书的方式形成利益共同体，同时明确利益相关者在协同创新中的任务和权责，从而使协同创新各方主体能够发挥联合优势、互补效应，使他们快速提高自身的技术创新能力、更好地适应动态多变的外部环境。

三、战略性新兴产业微观主体协同创新的风险识别

由于战略性新兴产业微观主体在协同创新过程中扮演的角色各不相同，并且各自在协同创新过程中表现出来的特征各异，因此，战略性新兴产业微观主体在协同创新中面临的风险种类也相差较大，为此，这里分别就参与协同创新的各类微观主体企业的风险进行识别和分析。

(一)道德风险

在协同创新的过程中，各个微观主体，特别是参与直接创新的各家企业之间对于技术、市场、人员、组织、管理、资源等信息的掌握程度并非完全一致，即存在信息上的不对称，这给参与创新的企业提供了发生机会主义行为的机会，从

而产生道德风险。典型的例子是在战略性新兴产业进行技术协同创新的过程中，由于技术供给企业往往对技术投入要素、技术含量、技术创新水平以及技术自身的价值等方面的信息比技术需求方有更多的了解，而技术需求企业对技术需求市场、技术转让市场、技术转让价格以及应用途径和应用效果反馈等方面的信息相对于技术供给企业掌握地更多，双方信息在内容和数量上的不对称导致了它们在合作过程中可能存在欺诈、侵害对方利益、舞弊、故意抬价或夸大技术含量和价值等机会主义行为，这无疑会损害协同创新企业各自的经济利益和社会声誉，最终会挫伤各个微观主体参与协同创新的积极性和乐观性[17,18]。因此，由于信息不对称产生的道德风险不仅会直接损害协同创新参与企业的根本利益，还非常不利于推动战略性新兴产业协同创新向更广、更深的领域拓展和延伸。

(二)产权风险

知识、技术在各个创新主体之间的转移是现代企业进行协同创新的一个显著特征[19]。它要求参与协同创新的各家企业之间能够进行有效的知识交流和技术共享，以发挥单个企业在知识、能力和技术上的杠杆效应，实现协同创新整体竞争力的增强[20]。尽管协同创新的初衷是增加单个企业创新活动的柔性、发挥知识能力的扩散效应，但由于当前我国知识产权保护的制度环境和法律环境尚不健全，知识供给方企业往往会因为将自己的知识在各个协同创新主体之间分享而导致技术泄密、知识产权流失，这些信息一旦被竞争对手掌握，将会给知识供给方企业带来致命的伤害。而且，现有的各类协同创新契约存在许多漏洞，加上协同创新过程本身的复杂性和多变性，导致未来发生的知识产权纠纷和技术成果归属问题难以得到有效约束，一旦有参与创新的企业因此而退出合作，也可能会导致知识供给方企业的知识产权流失、技术外泄[21]。此外，由于参与协同创新的各家企业在创新成果的分配和权利归属中存在信息不对称，这给一些图谋不轨的企业发生短期行为以及恶意窃取、挪用合作方知识产权提供了机会，而且长期的合作也使得其他参与创新的企业更加了解和掌握知识供给企业的关键技术人员的薪酬状况，他们可能在协同创新结束后通过高薪要职挖走原知识供给方企业的关键技术人才，这样也可能导致该类企业产生较为严重的知识技术产权侵占风险。

(三)协调风险

战略性新兴产业各个微观主体在协同创新过程中不仅要实现技术知识上的共享，而且要确保参与创新的各方企业配合默契、协调一致。从某种程度上来说，参与创新的各个微观主体之间信息传递的流畅性、行动实施的协调性以及信息沟通的及时性等决定了协同创新的最终成败[22]。一旦参与协同创新的微观主体之间出现信息传递不流畅、行动实施不协调以及沟通不及时等情形，就会产生协调风险，最终影响到协同创新成果的获取。从协同创新的各类微观主体性质来看，由于参与协同创新的企业来自于不同领域、不同行业、不同地区甚至是不同国家，它们在产权性质、行业属性、文化背景、发展阶段、管理模式、治理结构、战略目标等诸多方面都可能存在差异，这不可避免地会导致各类微观主体在协同创新过程中发生某些冲突。尽管在协同创新合作协议中可能要求参与者必须顾全大局，为参与各方的共同利益着想，但在某些重大决策中仍然可能会由于争执各方固执己见而贻误时机，或者至少是增加了不必要的协调成本和费用，这势必会给协同创新的各方微观主体绩效带来负面的影响。除此之外，在涉及技术协作的协同创新中，参与合作的各方企业可能由于技术开发环境缺乏动态监督和检查机制、各家企业技术思想不一致而出现协同创新成果不理想甚至是失败的情形。更为严重的是，如果参与协同的企业不讲信用，由于合作双方在技术平台上的差异、技术信息上的非对称性，最终可能使得技术供给方企业的技术被盗用、泄露，这都将损害参与协同创新企业的根本利益。

(四)资金风险

持续的资金供给是确保协同创新取得成功的重要保障[23]。尽管协同创新协议要求参与者必须按时按量地提供所需资金的支持，但战略性新兴产业的创新往往属于知识技术领域的新开发，其隐含的不确定性因素较多，风险较高，一旦出现市场需求导向变化、国家宏观经济政策的调控，可能使得原本市场看好的研发产品或技术会大幅度贬值，这时参与协同创新的各方微观主体都可能违背事先的约定抽回资金或者限制性投入资金导致创新资金链断裂，从而影响到协同创新的持续性，最终可能导致协同创新的失败或者被竞争对手赶超。此外，战略性新兴产业的技术创新成果从投入到产出再到市场化中间需要经历一个漫长的过程，就如节能环保的电动小汽车一样，从产品研发到市场推广使用往往需要花费十几年的时间。这期间需要资金的持续注入，而参与协同创新的企业往往在创新研发之初投资热情高涨、行动较为积极，到了产品推向市场，特别是在尚未被市场接受的推广阶段，协同创新企业的参与积极性会大大降低，原有的合作协议部分条款可能因此而无法完全兑现承诺，特别是在资金投入方面，原有的协同创新伙伴可能到了合作后期改变资金用途或减少资金投入量，甚至撤资，导致资金投入投放量和投入时间与创新环节不匹配，甚至是严重脱节，从而阻碍协同创新的顺利进行。

(五)技术风险

任何创新活动都可能面临着未来结果的不确定性，以技术研发为主的战略性新兴产业微观主体的协同创新活动表现得尤其突出[24]。由于协同创新过程需要合作各方在创新技术的研发上、创新市场需求的分析上以及协同辅助平台的支持程度上密切配合，步调高度一致，这增加了协同创新的难度[25]。事实上，在从创意研发设计到创新成果推向市场的漫长协同创新过程中，参与创新的各方微观主体很难做到步调完全一致，加上时空限制、地区差异、市场变化等方面的原因，不可避免地要出现技术更新不及时、技术设计不合理甚至技术落后导致研发失败、市场不接受等技术风险。例如，在协同创新的生产试运行阶段，可能由于工艺流程设计的不合理，或者是创新成果生产所具备的技术条件没有达到产品需求方所要求的综合技术水平而导致协同创新失败。特别是现代网络技术环境下的协同创新活动，更可能由于技术参数被改动、通信线路被破坏、程序语句被篡改以及技术人员的疏忽等原因而发生技术失败的风险。此外，战略性新兴产业的创新产品多属于高新技术产品，事先没有同类产品的市场运行经验，其技术效果事先也难以预料，有些产品在被成功开发和生产出来之后却产生了负面的市场效应，如有些协同创新产品给消费者带来了身心健康的危害，有些存在较为严重的环境污染或资源浪费等，这些都可能导致最终协同创新活动受限或中止。另外，战略性新兴产业微观主体协同创新的技术产品也可能由于技术的更新、消费者行为习惯的变化、市场资源的变化而被淘汰，这增加了技术寿命的不确定性，也是导致协同创新具有较高的技术风险的原因之一。

(六)环境风险

战略性新兴产业领域的协同创新是一个多层次性、高维性、多阶段性、动态变化的复杂过程，这一复杂过程的特性决定了它必然要受到其所处的市场、政治、法律、政策等内外部环境的影响[26]。战略性新兴产业微观主体在协同创新过程中由于外界的微观和宏观因素及其变化的不确定性导致创新失败，即产生环境风险。其中，对协同创新过程产生影响的宏观环境因素包括人口、经济、自然、政治、法律、社会以及文化等；微观环境包括竞争对手、客户、供应商、经销商和社会公众等。特别是宏观环境方面的因素变化大多数协同创新主体无法事先预料和控制的，一旦发生变动可能对整个协同创新过程带来不利影响[27]。因此，这种宏观因素产生的环境风险往往是各方创新主体无法控制和把握的，需要合作各方企业清醒地认识和重视此类风险的危害。例如，正在研发阶段的新技术可能由于新颁布的环境保护法律法规等原因变得无法投入生产和对外销售，而已经投入研发的资金、人力、物力等又由于专业化程度较高、转嫁更换成本较大等原因而无法退出，可能使得协同创新的各方微观主体不得不以较高的代价中止目前研发的项目，从而导致整个协同创新的失败，这种因法律政策的变化而强制撤销的损失显然是任何协同创新主体都无法规避的环境风险。

四、战略性新兴产业微观主体协同创新的风险控制机制

在对参与协同创新的各类微观主体的风险进行识别和分析后，需要有针对性设计和提出各类风险的控制机制，具体如下：

(一)实施协同创新项目市场价值跟随计划

为了鼓励战略性新兴产业各家微观主体积极投入协同创新工作、以协同创新成功为共同努力的目标，可以设计协同创新项目市场价值跟随计划，其内涵在于：以协同创新项目的成功与否来给项目团队成员发放奖励和分配薪酬，其中奖励的高低和薪酬的多少又取决于最终创新项目或创新成果的市场价值高低。通过建立协同创新项目市场价值跟随计划，将参与协同创新的各个微观主体捆绑在一起，使得每家参与企业能够真正履行自己在协同创新中的职责，积极配合和投入相应的技术、资源、人员等到创新项目的研发和市场化的进程中，让他们形成真正的利益共同体，以防范某一个或几个微观主体产生道德风险和违约行为。由于参与创新的各家企业从协同创新项目上获得的利益直接取决于该创新项目或成果的市场价值，当协同创新成果被市场广泛接受，价值增高时，他们的利益分享也会随之增多，反之，也会随之降低[28]。这样，如果某家参与企业以破坏协同创新项目的利益为代价来获取自己的私利，它自己在协同创新项目的获利也会因为创新项目的市场价值下降而减少，加上违法赔偿的损失，这些成本的付出最终可能超出其获得的私利，从而抑制其违约行为，最终使得各家参与协同创新的微观主体不会轻易触犯道德底线。

(二)建立完善的知识产权内部管理制度

鉴于战略性新兴产业微观主体协同创新过程的复杂性和动态化，需要通过建立完善的知识产权内部管理制度来保护参与企业的知识产权，防范知识产权被侵占的风险。这要求企业首先在选择协同创新合作伙伴时要审查其信用状况和核心技术与自身的异同，一般而言，为了防止协同创新过程中出现知识产权纠纷，尽

量选择那些信用状况较好、核心技术与自身企业相差较为明显的合作伙伴[29]。其次，要明确协同创新的各方企业在创新过程以及创新成果中的权利和义务，通过契约的方式列明当出现参与协同创新的企业盗取、挪用或侵占合作方企业拥有的知识产权时应该采取的处理措施和责任归属，以及参与各方发生利益冲突、产权纠纷时应该遵循的恰当的处理方式。最后，为保证整个协同创新过程中合作各方的利益，防止出现某一方或几方企业出现违约或不诚信的机会主义行为，必须对整个协同创新过程实施动态监督和检查机制，成立专门的监察机构或独立的第三方机构，定期或不定期地对参与各方企业是否正确地行使了自己的权利、合理地承担了自己的责任，知识产权、技术管理制度是否完善、是否得到参与各方企业的有效遵守，一旦发现知识技术流失的情况要及时地制止，查明原因、追究责任，力求减少知识技术流失给协同创新企业带来的损失。

（三）建立实时动态的信息沟通与过程协调机制

为了保障协同创新过程得以顺利进行、确保成功获得最终的创新成果，协同创新企业之间需要建立实时动态的信息沟通与过程协调机制，以防止协同创新过程中发生信息传递不流畅、行动实施不协调以及沟通不及时等情形[30]。建立实时动态的信息沟通与过程协调机制，关键是从两个方面着手：一方面要在参与创新的各家微观主体之间建立开诚布公、持续性的双向沟通关系，这意味着参与协同创新的各家企业要积极通过正式或非正式的渠道保持信息的及时传递，各家企业之间要在完全信任、共同理解的基础上达成共识，将各自在协同创新过程中拟定的计划、树立的目标、制定的方法途径以及取得的成效经验等事项毫无保留地在创新群体之间传递与分享，确保参与协同创新的合作伙伴能够及时、准确、全面地获取彼此的信息；另一方面是要建立利益纠纷协调解决机制，即要求协同创新团队在处理参与协同创新的微观主体之间的问题时秉持客观、公正、公平的原则，积极稳妥有效地解决各方利益主体之间的矛盾和纠纷。为做到客观、公正、公平地处理协同创新中产生的矛盾和纠纷，可以事先制定利益纠纷协同解决的具体办法和执行纲要，一旦出现办法中的情况，可以遵照事先的约定和机制进行相应的处理，这样也会使得当事人各方能够欣然接受。此外，为缓解由于参与创新的各方主体在文化背景、发展阶段、管理模式、治理结构等方面的不同而引起的冲突，可以通过举办联谊会、信息共享平台等办法来促进参与创新的各方企业彼此深入交流和理解对方，为协同创新项目的顺利进行扫除障碍。

（四）设立独立于参与企业的协同创新共同基金

出于对自身利益的保护，参与协同创新的各方微观主体都可能违背事先的约定抽回资金或者限制性投入资金导致创新资金链断裂，引发协同创新的资金风险。为此，有必要通过设立独立于参与企业的协同创新共同基金，确保协同创新的整个过程能够得到持续稳定的资金供应[31]。具体而言，首先要求参与协同创新的企业各自拨出一笔单独的资金汇集成原始基金，指明该基金只能用于协同创新项目的经费开支，任何一方一旦投入不得擅自撤资或挪用，并且以合作协议书的方式写明参与协同创新企业各自的投资额度，同时按照参与各方的投资比例分享共同基金的增值收益。该共同基金即来自于参与协同创新的各方企业但又独立于各方企业进行单独运作，不受参与企业中的任何一方影响或控制。当然，共同基金的管理与运作可以参考社保基金，由创新团队聘请独立的第三方融资机构或证券公司代为托管，其运作收益或分红比例完全由协同创新项目的市场价值而定。这样，由于协同创新共同基金是独立于参与创新的任何企业，可以避免参与企业擅自撤资、减资而给创新项目带来的危害，同时由于协同创新共同基金在成立之初便明确了其用于协同创新项目的特定用途，从而保证了协同创新项目能够获得持续稳定的资金供应。此外，由于由独立的第三方托管与运作，协同创新团队还可以获得定期或不定期的投资收益。

（五）建立多元化的协同创新技术风险投资主体

战略性新兴产业的协同创新特性决定了其技术风险发生的概率较高[32]。一旦技术研发失败或市场对研发产品不再青睐，将导致协同创新项目的失败，最终会给协同创新的各方企业带来沉重的打击。因此，为了降低协同创新各方主体承担的技术风险，非常有必要专门建立多元化的协同创新技术风险投资主体，通过广泛吸纳政府、银行、其他企业以及个人等投资主体的风险投资来分散协同创新过程中产生的技术风险[33]。特别是对于战略性新兴产业的协同创新而言，当前各级地方政府响应国家号召正大力推进和支持该领域的企业进行协同技术创新，政府完全有能力和有动机为该领域的企业协同创新提供直接的资金支持或间接的融资担保，从投资实质来看，政府的资金注入是一种政策性投资，能够引导全社会的风险资金投入，同时也为战略性新兴产业的发展创造了一个良好的政策支持环境。银行等金融机构具有雄厚的资金实力，相对于单个的企业而言，往往具有更大的抗风险能力，一旦银行等金融机构也参与协同创新技术的风险投资，无疑会缓解参与协同创新企业独自承担技术失败的风险。此外，没有参与协同创新的其他企业和个人如果有足够的资金实力，也应该引导和鼓励他们参与到协同创新的风险投资中，这样形成多元化的协同创新技术风险投资主体，可以最大程度地化解研发失败、技术过时等产生的技术风险，降低由此而导致的各方参与企业遭受的损失。

（六）完善政府和社会对协同创新的风险补偿机制

为了提倡战略性新兴企业之间的协同创新活动，鼓励金融资本和民间资本为协同创新项目提供资金支持，政府或行业协会可以建立一套相对完善的协同创新风险补偿机制，以此化解协同创新过程中的环境风险。具体而言，可以由政府牵头、号召和组织银行、保险、信托、投资、担保等机构共同出资形成风险补偿金，承诺对投资于协同创新项目所遭受的损失按照一定的标准予以补偿。具体步骤包括：第一，明确进行风险补偿的门槛条件，即要规定在何种状况下、满足哪些条件才可以获得风险补偿，最大限度地发挥风险补偿的作用；第二，确定具体的风险补偿金发放的额度、方式和方法，这里要求事先规定可能的补偿等级和补偿额度，可供选择的补偿方式和途径等。一旦因为协同创新环境变化而导致参与企业受损，要根据受损额度、损失原因等合理选择恰当的补偿方式和途径；第三，成立专门的风险补偿监督机构，对各种风险补偿行为进行全程监督，防止补偿不当、不合理的情形发生。由政府出面建立协同创新风险补偿机制，可以在一定程度上消除参与协同创新的微观主体企业对环境风险、技术风险的忧虑，解决金融资本的效益和风险问题，保证战略性新兴产业微观主体协同创新的顺利进行。

五、结论与启示

战略性新兴产业微观主体在协同创新过程中表现出的利益分享性、风险共担性、整体协调性以及动态复杂性等行为特征，全面、深入地分析参与协同创新的各类微观主体在合作创新中可能出现的道德风险、产权风险、协调风险、资金风险、技术风险、环境风险等，对各类风险产生的原因及其给参与协同创新的其他企业带来的危害进行识别和论述，并有针对性提出一套完整的风险控制机制，以使协同创新各方主体能够发挥联合优势、互补效应，使他们快速提高自身的技术创新能力、更好地适应动态多变的外部环境。

本文的分析表明，战略性新兴产业领域的协同创新活动是一个多层次性、高维性、多阶段性、动态变化的复杂过程，这一复杂过程的特性决定了它必然要受到其所处的市场、政治、法律、政策、技术、人员、资金、竞争程度等内外部环境的影响。这要求参与协同创新的企业能够正确识别各类风险并采取合理的风险防范措施，投资者要对各种潜在的风险进行充分地考虑，识别、选择与自己风险承受能力相当的协同创新项目进行投资。政府在战略性新兴产业领域的协同创新过程中应该发挥主导性作用，积极引导银行、保险、信托、投资、担保等社会资本融入战略性新兴产业的协同创新项目中，通过各种优惠政策鼓励和促进战略性新兴产业的企业之间进行更深、更广泛地协同创新活动，最大限度地发挥参与企业之间优势互补、强强联合的倍增效应。

参考文献

[1] Corning P A. The Synergism hypothesis：on the concept of synergy and its role in the evolution of complex systems[J]. Journal of Social and Evolutionary Systems，1998，21(2)：133-172.

[2] 陈劲．协同创新与国家科研能力建设[J]. 中国高新技术产业导报，2012，(1)：1-2.

[3] 汪秀婷，杜海波．系统视角下战略性新兴产业创新系统集成架构与培育路径[J]. 科学管理研究，2012，(1)：77-82.

[4] Klepper S. The origin and growth of industry clusters，the making of silicon valley and Detroit[J]. Journal of Urban Economics，2010，67(1)：15-32.

[5] 马德秀．产学研用合作创新推动战略性新兴产业发展[J]. 中国科技产业，2011(1)：16-17.

[6] 温兴琦，李燕萍．战略性新兴产业产学研用协同创新研究，科技进步与对策，2013，30(12)：67-70.

[7] Cohen W M，Levinthal D A. A bsorptive capacity：a new perspective on learning and innovation[J]. Administrative Science Quarterly，1990，35(1)：28-52.

[8] 汪秀婷．战略性新兴产业协同创新网络模型及能力动态演化研究，中国科技论坛，2012，11(11)：51-57.

[9] 吴绍波，龚英，刘敦虎．知识创新链视角的战略性新兴产业协同创新研究[J]. 科技进步与对策，2013，11 (1)：1-6.

[10] 吴绍波，顾新．战略性新兴产业创新生态系统协同创新的治理模式选择研究[J]. 研究与发展管理，2014，26(1)：13-21.

[11] 谢科范．技术创新风险管理[M]. 石家庄：河北科学技术出版社，1999.

[12] 吴涛．考虑决策维和风险维德技术创新风险二维分析模型及案例分析[J]. 科学管理研究：2002，4(2)：1-3.

[13] 郭鹏，潘女兆，赵静．高新技术项目组合的双模式风险预警机制研究[J]. 管理学报，2011，8(10)：1524-1529.

[14] Ringo T. IBM explores new frontiers in collaborative innovation[J]. Research Technology Management，2007，(5)：5-7.

[15] Willlains P，Stemper M. Collaborative product commerce[J]. The Next Frontier，2002，(13)：31-36.

[16] Cornford A. Some recent innovations in international finance：Different faces of risk man-

agement and control[J]. Journal of Economic Issues，1996，(2)：493-508.

[17] 李东红．企业联盟研发：风险与防范[J]. 中国软科学，2002，(10)：47-50

[18] Nemeth C J，Personnaz M，Personnaz B，et al. The liberating role of conflict in group creativity：A study in two countries[J]. European Journal of Social Psychology，2004，(34)：365-374.

[19] Paulus P B，Nijstad B A. Group creativity：Innovation through collaboration[M]. Oxford：Oxford University Press，2003.

[20] Strassmann W P. The risks of innovation in 20th century manufacturing methods[J]. Technology and Culture，1964，(2)：215-223.

[21] 郭瑜桥，王树恩，王晓文．技术风险与对策研究[J]. 科学管理研究，2004，(2)：60-63.

[22] 徐锐．战略联盟知识共享的关系风险及其控制方式[J]. 情报方法，2005，(8)：2-4.

[23] Steiner G. The concept of open creativity：Collaborative creative problem solving for innovation generation-a systems approach[J]. Journal of Business and Management，2009，(1)：5–34.

[24] 包国宪，任世科．基于三层次双维度评价体系的产学研结合技术创新风险实证研究[J]. 科技进步与对策，2010，(7)：1-5.

[25] 汪忠，黄瑞华，张克英．知识型动态联盟知识产权风险防范体系构建[J]. 研究与发展管，2006，18(1)：90-96.

[26] Chen T Y，Tsaih，Chen Y M. A knowledge-commercialised business model for collaborative innovation environments[J]. International Journal of Computer Integrated Manufacturing，2010，(6)：543-564.

[27] 张运生，郑航．高科技企业创新生态系统风险评价研究[J]. 科技管理研究，2009，(7)：7-10.

[28] Steiner G. The planetary model as an organizational framework for the generation of innovation. A Critical reflection on today´s innovation practice[J]. Our Economy Review NG，2006，(2)：18-23.

[29] Baker W E，Sinkula J M. Does market orientation facilitate balanced innovation programs? An organizational learning perspective[J]. Journal of Product Innovation Management，2007，(4)：316-336.

[30] 刘洪昌．中国战略性新兴产业的选择原则及培育政策取向研究[J]. 科学学与科学技术管理，2011，(3)：87-92.

[31] 林学军．战略性新兴产业的发展与形成模式研究[J]. 中国软科学，2012，(2)：26-34.

[32] Bardhan I R. Evaluating the impact of collaborate product commerce on the product development lifecycle[M]. Center for Practice and Research in Software Management. University of Texas at Dallas，2002.

[33] 贺正楚，吴艳．战略性新兴产业的评价与选择[J]. 科学学研究，2011，(5)：678-683.

附录三　长江经济带产业结构演变及政策取向*

黄庆华　周志波　刘晗
（西南大学经济管理学院，重庆　400715
重庆市渝中区地方税务局，重庆　400015）

提要：本文基于SSM模型对2003～2012年长江经济带三次产业结构的演变进行研究，并分析其演变的影响因素。结果表明：长江经济带三次产业产值稳步增长，份额有所提高，结构演变过程中第二、三产业交替主导；长三角地区产业结构合理，第三产业凭借较强的竞争力成为地区经济的主导产业；长江中上游地区经济增速较快，第一、二产业竞争力强，形成以第二产业为主导的经济体系；政策导向影响、要素价格变化、区域分工合作以及产业发展的客观规律是长江经济带产业结构演变的主要影响因素。有鉴于此，本文提出一系列产业发展政策建议，以期促进长江经济带经济可持续发展。

关键词：长江经济带；产业结构演变；SSM模型；政策取向

一、引言

长江素有"黄金水道"之称，其流经地区城市集中、经济发达、资源丰富、人口众多，由此形成的长江经济带是我国国土开发和经济布局"T"字形空间结构战略中一条重要的一级发展轴，与沿海经济带构成了我国经济发展的黄金走廊[1]。"长江经济带"最早由中国生产力经济学会在1984～1985年间提出，当时所用的概念是"长江产业密集带"[2]，指以长江流域若干特大城市为中心，通过其辐射和吸引作用，带动各自周边地区大中小型城市和农村的发展，从而形成一个较大范围的经济区。党的十四大提出，要以上海浦东开发为契机，进一步开放长江沿岸城市，把上海打造为长江流域经济增长极，带动长江流域地区实现跨越式发展。党的十四届五中全会进一步明确，要"建设以上海为龙头的长江三角

---

* 论文发表于《经济理论与经济管理》（CSSCI来源期刊）2014年第6期

洲及沿江地区经济带”。进入21世纪以来，长江沿岸各地区依托长江水道的优势纷纷提出各自的经济发展战略，如长江下游的长三角发展战略，中游的湖北“两圈一带”发展战略，上游的“成渝经济区”发展战略，在这些战略规划的引领和带动下，长江流域经济飞速发展。2012年，长江经济带国内生产总值达到235914.95亿元，占全国生产总值的40.92%，已成为我国经济发展的重要驱动力，战略价值进一步凸显。目前，国家发改委正协同相关部门编制新一轮的长江经济带发展规划，提出要拓展我国经济发展空间，把长江经济带打造成为产业转型升级的新支撑带。如何加快转变经济发展方式，优化产业结构，促进产业升级，推进产业由沿海地区向内陆地区转移已成为长江经济带经济社会发展面临的当务之急。

关于长江经济带的研究始于“长江经济带”概念的提出，但主要集中在经济发展战略、区域经济合作和经济一体化等三个方面。如段进军提出长江经济带应以上海、武汉、重庆为核心，为实现长江流域地区经济联动发展提供动力，同时还要为区域联动发展提供制度、市场、交通等条件[3]。陈修颖认为长江经济带以上海、武汉、重庆为核心是空间极化作用的结果，集聚是推动经济带空间结构形成和演化的主要力量，应该加强空间链接，进一步强调区域合作[4]。而辜胜阻等、赵伟、杨顺湘等一批学者则分别研究了长三角城市群、武汉城市群和成渝经济区的经济一体化发展[5-7]。除此之外，研究长江经济带的文献还有很多，在此不再赘述。从我们掌握的文献看，关于长江经济带产业结构方面的研究还不多见，只有彭劲松、罗蓉等少数研究者涉足类似方面的研究[8-9]。因此，本文基于对长江经济带产业结构演变特征及影响因素进行分析，指出未来产业发展的政策取向，并提出促进长江经济带经济发展的一些政策建议。

二、长江经济带产业发展概况及SSM分解

（一）长江经济带产业发展概况

2003～2012年长江经济带产业发展体现出三大特征，如图1所示：①经济增速快。长江经济带共计9省2市的国内生产总值由2003年的56478.19亿元增长到2012年的235914.95亿元，以名义价格计算，增长了3.17倍。其中，第一产业产值增长了2.01倍，第二产业产值增长了3.27倍，第三产业也增长了3.45倍。表明长江经济带经济发展势头良好，第二、三产业增长较快，第三产业增速已经超过第二产业。②产业结构较为合理。2012年长江经济带第一、二、三产

业占国内生产总值的比重分别为 9.13%、49.06%、41.81%，第二、三产业所占比重较大，表明长江经济带经济增长主要依靠第二、三产业的推动，产业结构呈“二三一”格局，第二产业仍是主导产业，而第三产业已经在经济体系中占据重要位置。③三次产业结构变化。2003～2012 年期间，第一产业比重由 12.69% 下降到 9.13%，下降趋势明显；第二产业比重由 48.04% 上升到 49.06%，在 2011 年曾达到最高的 49.92%，总体上呈波动上升趋势；第三产业由 39.26% 上升到 41.81%，上升过程也经历波动，在 2009 年曾达到最高值 41.76%，表明长江经济带第一产业比重持续降低，而第二、三产业比重不断提高。总体上看，2003～2012 年长江经济带产业结构不断优化，第二、三产业产值增速和比重均超过第一产业，“二三一”产业格局明显，第二、三产业比重交替上升，表明长江经济带已经基本实现了工业化，正在进入以服务业为主导的“后工业化”阶段。

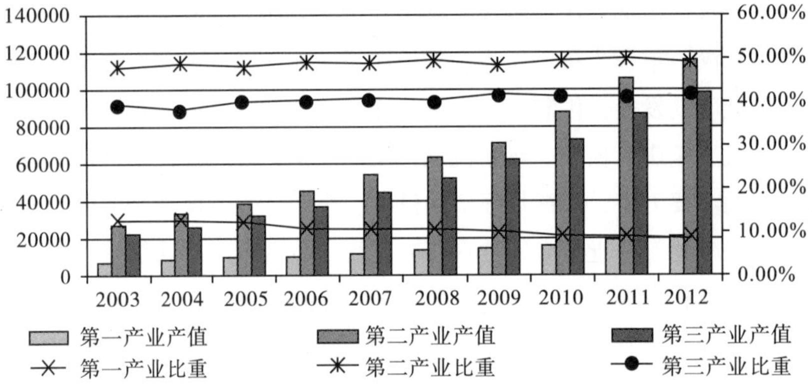

图 1 2003～2012 年长江经济带三次产业产值及比重变化

资料来源：根据国家统计局网站数据整理计算

(二)长江经济带产业发展 SSM 分解

SSM 分析法(shift-share method)，即偏离-份额分析法，由邓恩(Dunn)等在 20 世纪 60 年代提出，是一种研究区域经济增长和分析产业结构的方法[10]。SSM 模型把某一地区经济的变化视为一个动态过程，以其所在区域或整个国家的经济发展为参照系，把某一地区经济增长的变动分解为份额分量、结构偏离分量和增量偏离分量等三个部分，反映该地区与参照区域间产业结构差异所造成的影响，以及在参照区域内各个产业竞争力水平，进而明确该地区未来经济发展的重点方向和产业结构调整的原则。从逻辑上讲，SSM 分析法正好可以被用来分析本文所要研究的问题。

根据 SSM 分析法，假设所研究的地区 i 在经历了 t 时期的发展后，经济总量和产业结构均发生了变化。设地区 i 的经济总量在初期为 $f_i(0)$，在末期为 $f_i(t)$。以 G_i 表示地区 i 在 t 时期内总的经济增长量，则

$$G_i = f_i(t) - f_i(0) = N_i + P_i + D_i \tag{1}$$

其中，N_i 为 i 地区总的份额分量。N_{ij} 为 i 地区 j 产业份额分量，反映该产业以参照区域为标准的初期应有份额 f_{ij}' 按 t 时期内产业平均增速 R_j 计算，在末期所应有的经济份额。

$$N_i = \sum N_{ij} = \sum f'_{ij} R_j \tag{2}$$

P_i 为 i 地区总的结构偏移分量。P_{ij} 为 i 地区 j 产业结构偏移分量，反映该产业初期规模 $f_{ij}(0)$ 按 t 时期内产业平均增速 R_j 计算，在末期的经济规模偏离其应有经济份额的偏离量。

$$P_i = \sum P_{ij} = \sum (f_{ij}(0) - f_{ij}') R_j \tag{3}$$

D_i 为 i 地区总的增量偏移分量。D_{ij} 为 i 地区 j 产业增量偏移分量，反映该产业以初期规模 $f_{ij}(0)$ 为基数，因其增速在 t 时期内与产业平均增速 R_j 存在差异 $(r_{ij} - R_j)$ 而在末期所导致的偏差。

$$D_i = \sum D_{ij} = \sum (r_{ij} - R_j) f_{ij}(0) \tag{4}$$

S_i 为 i 地区总的增长优势。S_{ij} 反映 i 地区 j 产业的总体偏离量，反映 i 地区 j 产业的增长优势。

$$S_i = \sum S_{ij} = \sum (P_{ij} - D_{ij}) \tag{5}$$

以 $F_j(0)$ 和 $F_j(t)$ 分别表示参照区域 j 产业部门在初期和末期的经济规模，引入 $k_{ij}(0)$ 和 $k_{ij}(t)$ 分别表示地区 i 的 j 产业在初期和末期占同期参照区域相应产业的比重。地区 i 对于参照区域经济的相对增长率为 L_i。则：

$$\begin{aligned} L_i &= [f_i(t)/f_i(0)]/[F(t)/F(0)] \\ &= [\sum k_{ij}(t) F_j(t) / \sum k_{ij}(0) F_j(0)]/(F(t)/F(0)) \\ &= [(\sum k_{ij}(0) F_j(t) / \sum k_{ij}(0) F_j(0))/(F(t)/F(0))] \\ &\quad \times [\sum k_{ij}(t) F_j(t) / \sum k_{ij}(0) F_j(t)] \\ &= W_i \times \mu_i \end{aligned} \tag{6}$$

其中，W_i 为结构效果指数，反映从整体上看 i 地区产业结构优化程度。W_i 值越高，则 i 地区产业结构越好。μ_i 为地区增长力效果指数，反映从整体上看 i 地区产业的增长力。μ_i 值越高，则 i 地区产业增长力越强。

选取长江经济带共计 9 省 2 市 2003 ～2012 年的国内生产总值以及三次产业的生产总值数据进行分析。数据来源于 2004 ～2013 年的《中国统计年鉴》，为消除通货膨胀因素的影响，以 2003 年为基期，采用 GDP 平减指数对数据进行处理。以全国为参照区域，对长江经济带共计 9 省 2 市 2003 ～2012 年间产业结构

演变的总体效果的 SSM 分解结果如表 1 所示：

表 1　长江经济带产业结构演变的总体效果分析　　单位：亿元

地区	总经济增量(G_i)	份额分量(N_i)	结构偏离分量(P_i)	增量偏移分量(D_i)	总增长优势(S_i)	相对增长率(L_i)	结构效果指数(W_i)	增长力效果指数(μ_i)
上海	6704.09	10817.32	682.02	-4795.25	-4113.23	0.759	1.040	0.730
江苏	22239.83	21564.05	340.97	334.81	675.78	1.020	1.010	1.010
浙江	12857.12	16258.49	395.10	-3796.47	-3401.37	0.867	1.015	0.854
安徽	7076.26	6874.39	-196.18	398.05	201.86	1.019	0.982	1.037
江西	5481.59	4898.24	-169.54	752.89	583.35	1.075	0.978	1.100
湖北	8881.14	9347.91	-100.31	-366.46	-466.77	0.968	0.993	0.975
湖南	9582.35	8027.54	-206.29	1761.11	1554.81	1.123	0.984	1.141
重庆	5073.41	3894.70	-27.22	1205.93	1178.71	1.192	0.996	1.197
四川	9867.94	9442.42	-356.77	782.29	425.52	1.029	0.976	1.054
贵州	3042.40	2346.81	-109.37	804.96	695.59	1.188	0.970	1.224
云南	4152.49	4266.30	-162.66	48.85	-113.81	0.983	0.976	1.007

注：L_i、W_i、μ_i没有单位

资料来源：根据国家统计局网站数据整理计算

对长江经济带 9 省 2 市的三次产业在 2003 ～2012 年间的增量进行 SSM 分解，结果如表 2 所示：

表 2　长江经济带三次产业结构的 SSM 分析　　单位：亿元

地区	产业部门	增速差异($r_{ij}-R_j$)	产业增量(G_{ij})	份额分量(N_{ij})	结构偏离分量(P_{ij})	增量偏离分量(D_{ij})	产业增长力优势(S_{ij})
上海	第一产业	-1.05	-8.60	758.31	-671.54	-95.37	-766.91
	第二产业	-1.15	1911.36	5393.31	119.28	-3601.24	-3481.95
	第三产业	-0.36	4801.34	4665.70	1234.28	-1098.64	135.64
江苏	第一产业	0.03	1087.89	1511.67	-452.58	28.80	-423.78
	第二产业	-0.20	10622.82	10751.43	1199.37	-1327.98	-128.61
	第三产业	0.36	10529.12	9300.95	-405.81	1633.99	1228.17
浙江	第一产业	-0.49	342.63	1139.75	-442.84	-354.27	-797.11
	第二产业	-0.51	6174.57	8106.17	593.98	-2525.58	-1931.61
	第三产业	-0.25	6339.92	7012.57	243.97	-916.62	-672.65

续表

地区	产业部门	增速差异 $(r_{ij}-R_j)$	产业增量 (G_{ij})	份额分量 (N_{ij})	结构偏离分量 (P_{ij})	增量偏离分量 (D_{ij})	产业增长力优势 (S_{ij})
安徽	第一产业	-0. 05	665. 75	481. 91	219. 60	-35. 76	183. 84
	第二产业	0. 63	4256. 49	3427. 44	-292. 15	1121. 19	829. 05
	第三产业	-0. 47	2154. 02	2965. 04	-123. 64	-687. 38	-811. 02
江西	第一产业	-0. 21	415. 86	343. 37	192. 71	-120. 23	72. 48
	第二产业	0. 87	3229. 16	2442. 17	-280. 99	1067. 98	786. 99
	第三产业	-0. 19	1836. 58	2112. 70	-81. 26	-194. 86	-276. 12
湖北	第一产业	0. 33	1030. 31	655. 30	108. 95	266. 06	375. 01
	第二产业	0. 02	4604. 41	4660. 69	-116. 79	60. 51	-56. 28
	第三产业	-0. 34	3246. 41	4031. 92	-92. 47	-693. 03	-785. 51
湖南	第一产业	0. 22	1041. 97	562. 74	285. 86	193. 36	479. 22
	第二产业	1. 00	4950. 00	4002. 38	-843. 12	1790. 74	947. 62
	第三产业	-0. 11	3590. 39	3462. 42	350. 96	-222. 99	127. 97
重庆	第一产业	-0. 16	267. 04	273. 02	48. 97	-54. 95	-5. 98
	第二产业	1. 16	2858. 24	1941. 82	-220. 99	1137. 41	916. 42
	第三产业	0. 13	1948. 12	1679. 85	144. 80	123. 47	268. 27
四川	第一产业	-0. 08	987. 91	661. 93	418. 47	-92. 49	325. 98
	第二产业	0. 73	5650. 83	4707. 81	-717. 71	1660. 73	943. 02
	第三产业	-0. 38	3229. 19	4072. 68	-57. 53	-785. 95	-843. 49
贵州	第一产业	-0. 04	274. 16	164. 52	121. 11	-11. 47	109. 64
	第二产业	0. 21	1139. 44	1170. 08	-150. 02	119. 38	-30. 64
	第三产业	1. 46	1628. 81	1012. 22	-80. 46	697. 05	616. 59
云南	第一产业	0. 15	559. 24	299. 07	182. 29	77. 87	260. 16
	第二产业	-0. 11	1767. 45	2127. 10	-244. 28	-115. 36	-359. 65
	第三产业	0. 10	1825. 80	1840. 13	-100. 66	86. 34	-14. 33

注：$(r_{ij}-R_j)$没有单位

资料来源：根据国家统计局网站数据整理计算

三、长江经济带产业结构演变的特征分析

（一）长江经济带产业结构演变的总体特征分析

从经济增长总量上看，长三角地区经济增长主要依靠良好的经济基础以及合理的产业结构，而长江中上游地区虽然产业结构和产业基础较差，但经济增长势头迅猛。上海、江苏、浙江经济增长主要凭借份额规模和产业结构效应，其份额分量分别达到10817.32亿元、21564.05亿元和16258.49亿元，结构偏离分量分别达到682.02亿元、340.97和395.10亿元，远高于其他地区。其他省市经济增长主要凭借增长速度，其增量偏离分量较大，湖南的增量偏离分量最大，达到了1761.11亿元。

从总的增长优势上看，虽然在经济增长总量上长江中上游地区与长三角地区还存在一定差距，但是增长优势明显，发展潜力巨大。除上海、浙江、湖北、云南外，其余省市总增长优势均为正值，湖南、重庆增长优势最为明显，分别达到了1554.81亿元、1178.71亿元。此外，相较于长江经济带其他省市，上海、浙江的经济增长则处于相对劣势地位。

从相对增长率上看，长三角地区尽管产业结构效应较强，但产业增长速度较慢，而长江中上游地区虽然产业结构效应较弱，但产业增长速度较快。除上海、浙江、湖北、云南外，其他省市经济增长速度均高于全国平均水平，尤其是重庆、贵州和湖南，相对增长率分别达到1.192、1.188和1.123。进一步分解看，上海、浙江和江苏结构效果指数较高，分别为1.040、1.015和1.010，而其他省市结构效果指数均低于1。只有上海、浙江和湖北的增长力效果指数低于1，增长力效果指数较高的地区是贵州、重庆和湖南，分别达到1.224、1.197和1.141。

（二）长江经济带产业结构演变的具体特征分析

从产业增速上看，长三角地区三次产业增速放缓，长江中上游地区第二产业快速增长。第一产业中，除江苏、湖北、湖南和云南外，其余省市增长速度落后于全国平均水平，湖北、湖南、云南第一产业增长速度较快，分别高于全国平均水平0.33、0.22和0.15；第二产业中，除上海、江苏、浙江、云南增长速度低于全国平均水平外，其他省市增速均高于全国平均水平，尤其是重庆、湖南、江西增速较快，增速差异分别达到了1.16、1.00和0.87；第三产业中，除江苏、

重庆、贵州和云南外，其他地区第三产业增速均落后于全国。

从产业增量上看，长江流域地区三次产业经济规模不断扩大，长三角地区第三产业增长幅度较大，长江中上游地区则是第一、二产业得到较大幅度增长。第一产业中，除上海出现负增长外，其余地区均有不同程度的增长，江苏、湖南、湖北增长幅度较大，产业增量分别达到了 1 087. 89 亿元、1 041. 97 亿元和 1030. 31亿元；第二产业中，长江经济带地区均得到较大增长，江苏、浙江和四川的增长最为明显，产业增量分别为10622. 82 亿元、6174. 57 亿元和5650. 83 亿元；第三产业中，江苏、浙江和上海增长幅度较大，分别为 10 529. 12 亿元、6 339. 92亿元和 4 801. 34 亿元。

从份额分量上看，江苏、浙江和上海三次产业所占份额均高于其他地区，长三角地区经济基础较好，长江中上游地区经济基础稍显薄弱。第一产业中，江苏、浙江和上海份额分量最大，分别达到 1 511. 67 亿元、1 139. 75 亿元和 758. 31 亿元，云南、重庆和贵州份额分量较小，分别只有 299. 07 亿元、273. 02 亿元和 164. 52 亿元；第二产业中，份额分量较大的还是江苏、浙江和上海，分别为 10 751. 43 亿元、8 106. 17 亿元和 5 132. 94 亿元，远高于其他地区；第三产业中，仍然是江苏、浙江和上海的份额分量最大，分别达到 9 300. 95 亿元、7012. 57亿元和 4436. 21 亿元，其余地区份额分量较小。

从结构偏离分量上看，长三角地区第一产业的产业结构效应对经济增长贡献低，第二、三产业的产业结构效应对经济增长贡献大，长江中上游地区第一产业的产业结构效应对经济增长贡献较大，但这些地区第二、三产业的结构效应对经济增长贡献较小。第一产业中，上海、江苏和浙江的产业规模偏离其应有份额的结构偏离分量为负值，分别为 -671. 54 亿元、-452. 58 亿元和 -442. 84 亿元，其他地区结构偏离分量均为正值，四川和湖南结构偏离分量较高，分别达到了 418. 47 亿元和 285. 86 亿元；第二产业中，除江苏、浙江和上海的结构偏离分量分别为 1 199. 37 亿元、593. 98 亿元和 119. 28 亿元外，其他地区结构偏离分量均为负值，湖南和四川最低，只有 -843. 12 亿元和 -717. 71 亿元；第三产业中，上海的结构偏移分量最大，达到了 1 234. 28 亿元，其他地区除了湖南、浙江和重庆的结构偏离分量达到了 350. 96 亿元、243. 97 亿元和 144. 80 亿元外，结构偏离分量均为负值。

从增量偏离分量来看，相较于全国平均水平，长三角地区第三产业增量较大，但第一、二产业增量较小，而长江中上游地区第一、二产业增量较大，但第三产业增量较小。第一产业中，湖北、湖南和云南增量偏移分量较大，分别达到了 266. 06 亿元、193. 36 亿元和 77. 87 亿元，其余省市增量偏移分量为负；第二产业中，湖南、四川增量偏移分量较大，分别达到了1790.74亿元和1660.73亿元，上海、浙江、江苏和云南增量偏移分量为负，分别为-3 601.24亿元、-2525.58亿元、-1327.98亿元和-115.36亿元；第三产业中，只有江苏、贵州、重庆和云南增量偏移分量为正，分别为1633.99亿元、697.05亿元、123.47亿元和86.34亿元，其余地区增量偏移分量均为负值。

从产业增长力优势上看，长三角地区第一产业不具备增长优势，第二产业增长优势也不太明显，但第三产业具备较强的增长力优势，而长江中上游地区第一、二产业具备较强的增长力优势，但除贵州、重庆和湖南外，第三产业增长优势尚未显现。第一产业中，湖南和湖北产业增长力优势明显，分别达到了479.22亿元和375.01亿元，而浙江、上海和江苏增长力优势为负值，分别为-797.11亿元、-766.91亿元和-423.78亿元；第二产业中，湖南、四川和重庆产业增长力优势显著，分别达到947.62亿元、943.02亿元和916.42亿元，上海和浙江产业增长力较弱；第三产业中，江苏产业增长力优势最为明显，达到1 228.17亿元，安徽、湖北和四川产业增长力较弱。

综上所述，从对2003～2012年长江经济带产业结构演变的特征分析来看，主要有以下几个特征：①长三角地区产业基础好，产业结构效应强，有效促进地区经济增长，而长江中上游地区则凭借较快的产业增长速度带动地区经济增长；②长三角地区第一产业发展停滞甚至是负增长，长江中上游地区第一产业增长力优势明显，第一产业经济规模呈西高东低态势；③长三角地区第二产业增速放缓，长江中上游地区产业增长速度较快，第二产业重心逐渐由东向西转移；④长三角地区第三产业优势明显，长江中上游地区第三产业优势尚未显现，第三产业仍以沿海地区为中心。

四、长江经济带产业结构演变的影响因素分析

（一）政策导向影响

20世纪90年代初期，我国经济重心集中在东部沿海地区，国家政策的倾斜奠定了长三角地区的经济发展基础，尤其是在党的十四大提出建立浦东新区之后，长三角地区经济步入快速发展阶段，而位于中、西部的长江中上游地区在这一时期的发展速度则明显落后于长三角地区。自进入21世纪以来，随着西部大开发战略的实施，我国经济重心逐渐由东向西转移，特别是在2005年中央经济工作会议上，明确了“实施西部大开发战略，振兴东北老工业基地，促进中部地

区崛起，鼓励东部地区率先发展”的战略方针，进一步促进资金、技术、劳动力由东向西转移，中、西部地区经济增长速度开始超过东部。政策导向的改变导致区域经济发展位次产生变化，资源要素向中、西部地区转移，长江中上游地区经济开始赶超长三角地区，虽然在三次产业的产值规模上还无法与之相比，但长江中上游地区的经济相对增长率已经超过长三角地区。在政策导向的影响下，长江中上游地区经济凭借后发优势迅速增长，而长三角地区则依靠份额规模继续推动经济增长，全面促进长江经济带经济的发展，使得长江经济带战略地位进一步凸显。

（二）要素价格变化

我国工业发展一直以出口导向型战略为主。改革开放初期，优越的地理位置使得制造业在长三角地区不断聚集，推动了长三角地区第二产业的发展，而此时同处长江流域的其他地区则没有获得发展机会。近十年来，随着城镇化的快速推进，沿海地区土地和劳动力价格不断上涨，加之人民币汇率持续升值，进一步挤压了沿海地区制造产业的利润空间，长三角地区制造业面临发展瓶颈。与此同时，国家加强铁路等交通设施的建设投入力度，长江水道的货运量进一步增加，共同构筑了长江经济带陆路、水路交通网，加之以重庆作为始发站的“渝新欧”铁路开通，有效降低了进出口货物运输成本，弥补了之前长江中上游地区第二产业发展的劣势。土地、劳动力、物流成本等要素价格的变化，促使制造业开始由沿海地区向内陆地区转移，因而在2003～2012年期间，长三角地区第二产业增速放缓，产业增长能力下降，而长江中上游地区第二产业增速明显提高，产业增长能力显著增强。要素价格的变化促进了长江经济带产业结构的演变，以制造业为主的第二产业开始在长江中上游的主要城市集聚，成为地区经济发展的主要推动力量，而长三角地区经济重心则转向第三产业。

（三）区域分工合作

长江经济带作为一个经济区域的时间较短，其发展过程中影响因素众多，区域内部差异性构成了其最基本的特点[11]，而正是这种内部差异性奠定了区域分工合作的基础。长三角地区的比较优势在于资金和技术，而长江中上游地区的比较优势在于土地和劳动力。随着长江经济带发展战略的提出，长江流域地区经济往来日益频繁，区域分工进一步细化，区域合作进一步加强。长江中上游地区利用广袤的土地大力发展以农业为主的第一产业，凭借丰富的劳动力开展制造业生产，第一、二产业产值高速增长，而长三角地区则依靠资金和技术上的优势，发展高端制造业和服务业，第三产业得到了较快发展。长江经济带作为一个经济整体，其内部进行的区域分工与合作使得长三角地区与长江中上游地区产业发展各有侧重，进一步解释了为什么在2003～2012年间，长三角地区第三产业发展速度和竞争力强于长江中上游地区，而长江中上游地区的第一、二产业增长速度和竞争能力领先于长三角地区。长江经济带区域分工与合作的发展加快了长江中上游地区向第一、二产业为主导的产业结构的转变，长三角地区向第三产业为主导的产业格局的演变。

（四）产业发展规律

从国际大都市的产业发展来看，在产业发展过程中经历了第二、三产业交替主导的过程[12]。第二、三产业交替主导的产业发展规律解释了长江经济带在2003～2012年间第二、三产业比重交替上升的现象。从长江经济带内部来看，根据三次产业发展规律，长三角地区已经开始步入“后工业化”阶段，第二产业比重不断下降，第三产业比重进一步提高，而长江中上游地区则刚步入工业化中期，第一、二产业在生产总值中仍占有相当大的比重，第三产业尚未成为主导产业。产业发展的客观规律决定了长江中上游地区经济发展不能跨越工业化阶段而直接进入“后工业化”时代，产业结构必须经历“二三一”向“三二一”的转变过程。相比之下，长三角地区经济起步较早，产业规模大，部门齐全，因而在2003～2012年间上海、江苏、浙江等三地的结构效果指数大于其他地区，产业结构效应对长三角地区经济增长贡献较大。但长江中上游地区也有其产业发展优势，增长力效果指数较高，后发优势明显。产业发展规律进一步揭示了长江经济带产业结构演变的原因，客观规律决定了长江中上游地区必须要从以第二产业为主导的工业化向以第三产业为主导的“后工业化”转变。

五、长江经济带产业未来的政策取向

（一）依托国家政策统筹规划

长江经济带的发展应当上升为国家战略，并依托有利的国家政策统筹规划。首先，长江流域地区经济发展均有其独立的发展战略，如长江下游有长三角发展战略，中下游有鄱阳湖生态经济区发展战略，中游有湖北“两圈一带”发展战略，上游有“成渝经济区”发展战略。各地区分散、零碎的战略亟须国家在全流域进行国家层面的战略整合，使之成为一个系统、科学、完整的国家战略。其次，随着区域分工与合作的不断加强，要素流动日趋频繁，经济发展由点化到面化，经济区域化发展淡化了行政边界，凸显出流域化特征，需要制定统一战略进行合理规划和布局。再次，长江水系有1090余条河流，水资源管理、水运开发管理和防洪管理都需要上级政府统筹协调[13]。最后，长江经济带最核心的资源优势在于丰富的水资源、良好的生态环境，在开发长江沿岸地区的同时必须重视生态涵养与保护，长江流域生态环境保护与利用也要求把长江经济带发展上升为国家战略。

(二)建立区域协调机制

一方面，长江经济带各地区应该利用长江黄金水道优势，建立内部的协作机制。建立恰当的中央政府行政调控机制和跨区域的协调机制，从制度方面入手，营造区域分工与合作的良好氛围，发挥市场在资源配置当中所起的决定性作用，破除阻碍资金、技术、劳动力等要素在不同行政区域间自由流动的壁垒，合理配置资源，激发经济活力。明确区域协作的动力机制，找到长江流域各地区利益的平衡点，避免各项发展战略与规划的制定流于形式。另一方面，长江经济带产业发展除了建立内部的协作机制外，还应当增强与其他经济带的联动，建立外部的联动机制，加强与黄河经济带、珠江经济带的互动往来，实现经济由点化到面化的发展，促进要素在区际的合理配置，相互取长补短，在各经济带间实现产业的转移、集聚与升级，共同促进三次产业的增长，从而为我国经济发展提供不竭的动力源泉。

(三)深化区域分工与合作

为避免出现产业同构，长江经济带各地区应该利用长江黄金水道，深化区域分工与合作。第一，以上海为“龙头”的长三角协作区应该依靠在资金和技术上的优势，把高端服务业和先进制造业作为今后的重点发展产业，继续促进制造业向中上游地区有序转移。第二，南京协作区应该利用紧靠上海、作为长三角协作区重要组成部分的有利条件，促进制造业和服务业为主体的多产业协同发展，确保要素便捷流动，与周边形成良性互动，在长江流域的开发开放中起到承东启西的作用。第三，武汉协作区作为承东起西的关键节点，应该凭借肥沃的土地和丰富的劳动力，以第二产业的发展带动第一产业，处理好新型城镇化与农业现代化间的关系，在不断促进工业增长的同时，重视农业生产，加快现代农业的发展步伐，为长江经济带的发展提供坚实的物质基础。第四，重庆协作区应主要依托“成渝经济区”，打造长江上游地区内陆开放高地，坚持统筹发展，以信息化带动工业化，走新型工业化道路，增强工业经济的可持续发展能力，协调第二、三产业的发展，形成以第二产业为核心的产业发展格局。第五，长江上游地区的贵州和云南应当重视对生态环境的保护，发挥水源涵养地和生态屏障作用，主要发展以旅游业为主的第三产业，减少工业对长江水域的污染，为保护长江经济带的核心资源优势作出贡献。

（四）突出城市群的带动作用

随着区域经济一体化发展，产业集群和城市群的共同发展代表着未来经济发展的主流趋势[14]。在长江经济带产业发展中，应当突出长江流域城市群的带动作用，特别是发挥上海、武汉、重庆三大航运中心的辐射带动作用。以上海为核心的长三角城市群作为长江下游地区经济发展的动力源泉，带动地区产业升级，淘汰落后产能，进一步优化产业结构，发展具有前瞻性的战略性产业，成为长江经济带经济发展的引擎。以武汉为中心的长江中游城市群作为长江中游地带的经济发展高地，辐射长江中下游平原地区，突出第二产业的重要作用，坚持工业化与农业现代化协调演进，发挥承东启西的关键点作用。以重庆、成都为核心的成渝城市群作为西部地区经济增长极，凭借后发优势，坚持新型工业化发展战略，打造成为长江流域地区制造业生产高地，带动上游地区经济发展，依靠第二产业竞争力优势，成为长江经济带经济发展的重要推动力。

（五）促进“两头”开发开放

充分发挥上海自由贸易区和重庆保税港区的作用，促进长江经济带“两头”的开发开放。上海应利用自由贸易区促进国内改革，加强对外开放力度，提升经济自由化的水平，增强国际合作与交流。一是推动改革开放向纵深发展。通过加快自由贸易区建设，形成破除体制机制障碍的倒逼机制，以竞争带动产业健康发展。二是拓宽经济发展空间。通过自由贸易区这个开放的市场，更好地承接国际产业转移，并推动企业加快走出去。三是改善国际环境，保障资源安全。自由贸易区可增强我国市场吸引力和国际影响力，为我国和平发展创造更好的外部环境，保障资源多元稳定供求渠道。重庆则致力于打造中国内陆开放高地、丝绸之路经济带起点、两带建设的枢纽（丝绸之路经济带和长江经济带）。向西北通过“渝新欧”国际铁路联运大通道，为打造丝绸之路经济带提供有效平台；向东通过长江黄金水道贯通长江经济带；向西南通过云南和滇缅公路直达中印孟缅经济走廊，连接21世纪海上丝绸之路。加上重庆已有的国家级开放开发新区——两江新区和西永综合保税区、两路寸滩保税港区、团结村铁路口岸等对外开放平台，重庆在两带战略中应发挥左右传递、联动东西的枢纽作用。总之，通过上海和重庆的进一步开发开放，从全球治理的角度看待区域经济发展和要素重组，可为长江经济带产业发展提供更为广阔的平台。

参考文献

［1］刘伟. 长江经济带区域经济差异分析［J］. 长江流域资源与环境，2006，（3）：131-135.

［2］于涛方，甄峰，吴泓. 长江经济带区域结构："核心—边缘"视角［J］. 城市规划学刊，2007，（3）：41-48.

［3］段进军. 长江经济带联动发展的战略思考［J］. 地域研究与开发，2005，（2）：27-30.

［4］陈修颖. 长江经济带空间结构演化及重组［J］. 地理学报，2007，（12）：1265-1276.

［5］辜胜阻，易善策，李华. 城市群的城镇化体系和工业化进程——武汉城市圈与东部三大城市群的比较研究［J］. 中国人口科学，2007，（4）：16-25.

［6］赵伟. 中部地区崛起的城市群战略［J］. 武汉大学学报（哲学社会科学版），2006，（4）：452-457.

［7］杨顺湘. 川渝合作方向选择：区域经济一体化及其经济联合体［J］. 重庆大学学报（社会科学版），2006，（2）：1-8.

［8］彭劲松. 长江上游经济带产业结构调整与布局研究［J］. 上海经济研究，2005，（4）：86-96.

［9］罗蓉. 长江经济带产业协调发展研究［J］. 开发研究，2007，（2）：109-112.

［10］Daniel C K. Shift-share analysis：Further examination of models for the description of economic change［J］. Socio-Economic Planning Sciences，2000，34：177-198.

［11］赵琳，徐廷廷，徐长乐. 长江经济带经济演进的时空分析［J］. 长江流域资源与环境，2013，（7）：8846-8851.

［12］林兰，屠启宇. 上海产业结构演变及其政策思考（1978—2010）［J］. 上海经济研究，2013，（8）：90-100.

［13］伍新木. 应将长江经济带的发展上升为国家战略［J］. 长江流域资源与环境，2010，（10）：1157-1158.

［14］陈雁云. 产业发展、城市集聚耦合与经济增长的关联度［J］. 改革，2011，（4）：69-75.

附录四 环境约束下西部制造业转型升级的路径选择——以重庆市为例*

宋鸽 黄庆华 白硕
（西南大学经济管理学院 重庆 400715）

摘要：西部是我国承接全球制造业产业转移的重要阵地，面对环境约束的日益增多，西部制造业亟须通过转型升级预防价值链低端锁定陷阱。本文采用非参数DEA方法，引入基于方向性距离函数的Malmquist-Luenberger指数，对环境约束下2002～2012年重庆市制造业各细分行业的环境技术效率和全要素生产率进行了测度，并与未考虑环境因素的全要素生产率进行了比较。研究结果表明，考察期内重庆市制造业环境技术效率提升趋势比较明显；考虑环境约束的全要素生产率*ML*略低于未考虑环境约束的全要素生产率*M*；技术进步是重庆市制造业全要素生产率提高的主要因素。鉴于此，提出了促进整个西部制造业转型升级的路径。

关键字：环境约束；西部制造业；Malmquist-Luenberger指数；转型升级路径

一、引言

改革开放以来，我国西部通过积极运用资源、土地、劳动力等要素的比较优势，迅速融入国际化产业转移的浪潮之中，使得整个西部地区的制造业得到了飞速发展。然而，这种高速增长的背后是以牺牲自然资源和破坏环境为代价的。面对国际国内环境压力的逐渐增大，以高投入、高消耗、高污染、低效率为特点的“粗放型”发展模式成为西部经济可持续发展的主要阻碍，迫切需要通过转型升级进行战略性转变。重庆市作为我国重要的现代制造业基地，是我国西部承接全球制造业转移的重要“载体”。近年来，重庆市制造业取得了飞速发展，产业结构不断优化，转型升级成效明显。然而先污染后治理的粗放型发展模式未发生根本改变，导致近年来雾霾、酸雨等环境问题不断增多。本文将在借鉴现有相关研究的基础上，采用非参数DEA方法，引入基于方向性距离函数的*ML*指数，对环

---

* 论文发表于泰山学术论坛——市场的决定性作用与公共政策创新专题暨第八届中国经济理论与管理前沿论坛论文集，山东财经大学和《经济理论与经济管理》杂志社承办，2014年10月17～20日

境约束下重庆市制造业各行业的绿色全要素生产率进行测度，分析重庆市制造业在转型升级过程中的成功经济，进而提出促进整个西部制造业转型升级的路径，以期为相关部门制定战略决策提供参考。

二、文献综述

伴随全球能源危机和环境污染问题的日益增多，世界各国纷纷开始探索适应自身经济可持续发展路径，制造业作为促进国民经济快速增长的支柱产业，其行业全要素生产率测度成为社会各界广泛关注的热点。

(一)制造业传统全要素生产率的测度

20 世纪 80 年代以来，国内外学者对全要素生产率问题的研究层出不穷，尤以对中国制造业的全要素生产率测度研究居多。然而，早期的研究多忽略了环境因素对制造业各行业全要素生产率的影响。颜鹏飞，王兵[1]、原鹏飞，何枫[2]、叶振宇，叶素云[3]分别采用 DEA 方法从整体层面对不同时间段我国制造业全要素生产率变动进行了测算，研究了技术效率和技术进步对我国制造业全要素生产率变动趋势的影响。涂正革，肖耿[4]、李胜文，李大胜[5]、袁堂军[6]等学者采用生产前沿分析和回归分析方法从企业和行业的微观视角测度了全要素生产率，认为资本的深化、就业人数变化和资源配置效率是影响全要素生产率变动的主要因素。以上学者研究的不足在于，在对制造业全要素生产率进行测算时，侧重从投入视角测度制造业期望产出，而没有考虑制造业“三废”的影响。因此，运用传统全要素生产率测度资源环境约束下现实经济容易产生误差。

(二)制造业绿色全要素生产率的测度

制造业绿色全要素生产率是指，将环境污染作为非期望“坏”产出和期望“好”产出同时引入制造业行业全要素生产率测度中。Malmquist-Luenberger 生产率指数(*ML*)成为学者们研究这一问题普遍采用的指标。国外方面，Fare[7]等、Yoruk，Zaim[8]分别测度并比较了美国和经合组织(OECD)国家考虑环境污染和不考虑环境污染的 *ML* 生产率指数和 *M* 生产率指数，研究发现前者的测算值要高于后者。国内方面，王兵等[9]运用 *ML* 指数法测度了 1980 ～2004 年 APEC17 个国家和地区包含 CO_2 排放的全要素生产率，得出在引入环境管制之后，APEC 国家的全要素生产率增长水平得到了提升，且从分解指标来看，技术进步是生产率水平提升的主要动力。吴军[10]通过 *ML* 指数测度分析了基于环境约束的我国

1998～2007 年地区工业 *TFP* 增长及其分解，并检验了其收敛性。陈诗一[11]基于方向性距离函数对改革以来中国工业 *TFP* 进行了重新估算，发现正确考虑环境约束的 *ML* 比传统未考虑环境因素低了很多。在此基础上，王燕、谢蕊蕊[12]将各行业的废气排放量作为“坏”产出，运用 *ML* 生产率指数得出我国制造业的全要素生产率呈逐年提高趋势，其中技术变动的作用高于效率变动的作用。

从上述研究来看，制造业发展的环境约束越来越受到学者们重视，但由于研究视角和使用方法的不同，得出的结论也不甚相同，特别是基于绿色全要素生产率的制造业转型升级和结构优化问题仍处于起步和探索阶段。本文采用非参数 DEA 方法，引入基于方向性距离函数的 Malmquist-Luenberger 指数，对资源环境约束下重庆市 2002～2012 年制造业各细分行业的环境技术效率和全要素生产率进行测度，进而提出了促进整个西部制造业转型升级的路径。较之以往研究，本文实证研究的创新点在于：①现有文献研究主要针对我国制造业总体划分行业和地区进行生产率测度，对具有典型代表的省域制造业绿色全要素生产率进行研究的较少；②本文除了对重庆市制造业绿色全要素生产率进行测度外，还据此提出促进整个西部制造业转型升级的路径，对国家制定相关政策建议具有现实借鉴意义。

三、模型与方法

（一）数据包络分析

数据包络分析（data envelopment analysis，简称 DEA）方法是前沿生产函数中的一种非参数效率评估方法，这种评估方法的实质是运用数学规划思想，确定投入、产出有效生产前沿面，进而建立线性规划模型，求出各决策单元 DMU 与前沿面的距离，得出各 DMU 的相对效率。由于非参数 DEA 方法无需设定具体的生产函数形式，从而减少了模型设定误差，被学者们广泛应用于大样本研究中。在研究制造业各行业的环境效率时，可以按照 DEA 方法的基本原理将每个行业视为一个生产 DMU。首先确定最佳效率的生产 DMU，构成有效生产前沿面，然后根据每个 DMU 与前沿面的距离，得出各 DMU 的相对效率。

（二）方向性距离函数和 Malmquist-Luenberger 指数

Fare 等[7]根据 Luenberger（1992、1995）短缺函数（shortage function）的思想，构造了方向性距离函数：

$$\vec{D}_0^t\ (x^t,\ y^t,\ b^t;\ \boldsymbol{g})\ =\sup\ \{\beta:\ (y^t,\ b^t)\ +\beta\boldsymbol{g}\in P^t\ (x^t)\}$$

其中，$\boldsymbol{g}=(g_y,\ g_b)$代表一个方向向量。如果向量$\boldsymbol{g}=(y,\ b)$则表示在给定投入 x 的情况下，好产出 y 成比例地扩大，“坏”产出 b 成比例地收缩，β 就是好产出 y 增长、“坏”产出 b 减少的最大可能数量[13]。方向性距离函数核心思想就是在给定方向、投入和环境技术结构下，既要求“好”产出扩大，又要求“坏”产出缩小(见图 1)。

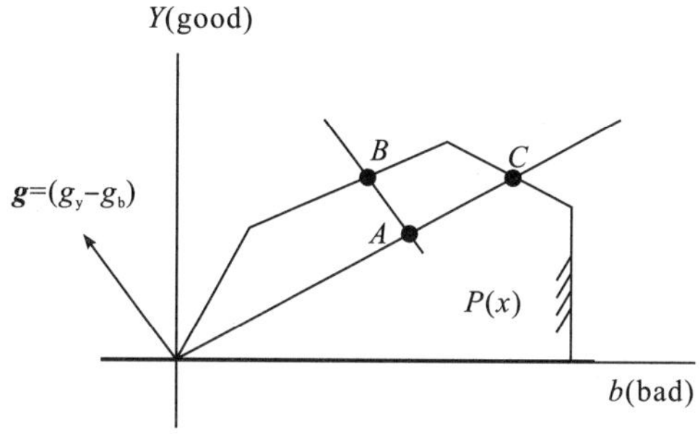

图 1　产出距离函数和方向距离函数

由图 1 可以看出，按照传统方法决策单元 A 的有效产出位于生产前沿的 C 点上，此时要求 A 的期望产出 y 增加但同时使得非期望产出 b 也随之增加；而按照方向距离函数得到的有效产出则沿着 $\boldsymbol{g}=(g_y,\ -g_b)$方向位于生产前沿的 B 点上，也就是要求 A 在增加 y 的同时也要减少 b。显然这是更能体现环境约束下的绿色生产效率。此时，生产决策单元 A 离生产可能性边界的距离为 $\beta=1-X_B/X_A=Y_B/Y_A-1$[14]。但是当存在两种以上的产出，此时方向性距离函数可转换成以下线性规划问题：

$$\vec{D}_0^t\ (x^{t,k'},\ y^{t,k'},\ b^{t,k'};\ y^{t,k'},\ -b^{t,k'})\ =\mathrm{Max}\beta$$

$$\text{s. t.}\begin{cases}\sum_{k=1}^{K} z_k^t y_{km}^t \geqslant\ (1+\beta)\ y_{k'm}^t,\ m=1,\ \cdots,\ M\\ \sum_{k=1}^{K} z_k^t b_{ki}^t=(1-\beta)\ b_{k'i}^t,\ i=1,\ \cdots,\ I\\ \sum_{k=1}^{K} z_k^t x_{kn}^t \leqslant x_{k'n}^t,\ n=1,\ \cdots,\ N\\ z_k^t\geqslant 0,\ k=1,\ \cdots,\ K\end{cases}$$

在此基础上，可以很容易地计算出含有非期望产出的静态环境技术效率 ETE 以 Malmquist-Luenberger 生产率指数（简称 ML 指数）的动态全要素生产率：

$$ETE=\frac{1}{1+\vec{D}_0^t\ (x^{t,k'},\ y^{t,k'},\ b^{t,k'};\ y^{t,k'},\ -b^{t,k'})}$$

$$ML_t^{t+1}=(ML_i^t \times ML_i^{t+1})^{\frac{1}{2}}$$

$$=\left\{\frac{[1+\vec{D}_i^{t+1}(x^t,y^t,b^t;g^t)]}{[1+\vec{D}_i^t(x^t,y^t,b^t;g^t)]}\times\frac{[1+\vec{D}_i^{t+1}(x^{t+1},y^{t+1},b^{t+1};g^{t+1})]}{[1+\vec{D}_i^t(x^{t+1},y^{t+1},b^{t+1};g^{t+1})]}\right\}^{\frac{1}{2}}$$

$$\times\left\{\frac{1+\vec{D}_i^t(x^t,y^t,b^t;g^t)}{1+\vec{D}_i^{t+1}(x^{t+1},y^{t+1},b^{t+1};g^{t+1})}\right\}$$

$$=MLTECH_t^{t+1}\times MLEFFCH_t^{t+1}$$

上述模型方法表明，在投入给定的情况下，生产率指数的测算可归结为产出距离函数和方向距离函数的计算，而该计算实质上又是一个求极值的线性规划问题。而 *ML* 生产率指数求解过程实质是借助线形规划计算四个方向距离函数。

四、数据处理与实证分析

(一)数据来源及处理

本文以 2002 ～2012 年为研究跨度期，以重庆市制造业作为西部制造业的典型，将其制造业 26 个细分行业作为决策单元，使用历年《重庆统计年鉴》提供的面板数据进行研究，分别选取年平均从业人数、固定资产净值年平均余额作为劳动投入和资本投入的代表，其中固定资产净值年平均余额参照李小平等人的做法进行了折算[15]。选取重庆市制造业各行业历年的总产值作为期望“好”产出，选取各行业历年的工业废气排放总量作为非期望“坏”产出。需要说明的是：由于 2002 年前后国家对行业划分标准进行了调整以及数据可获取性限制，本文选取的 26 个制造业细分行业是排除了文教工美体育和娱乐用品制造业、废旧资源综合利用业、工艺品及其他制造业后确定的研究对象。在对各行业绿色全要素生产率测度时，本文参照王燕、谢蕊蕊的做法将制造业分为农产品加工业、非农产品加工业、原材料加工业、机械设备加工业等四个大类。对于个别年份数据缺失的现象，本文采取线性回归法对其进行了弥补。由于 2011 年以前橡胶制品业和塑料制品业是分开核算的，为了保持数据的一致性，本文将 2011 年以前橡胶制品业和塑料制品业进行加总，作为橡胶和塑料制品业的研究数据。

(二)重庆市制造业环境技术效率静态分析

总体来看，在考察期内，随时间推移重庆制造业环境技术效率提高的趋势比较明显，由 2002 年的 0.5914 提高到 2012 年的 0.7442，说明重庆市响应国家节能减排政策号召，实现工业经济“又快又好”发展的成效显著(见表 1)。

表 1　2002～2012 年制造业环境技术效率测算结果

行业	2002	2003	2004	2005	2006	2007	2008	2009	2010	2011	2012	平均
农副食品加工业	0.734 2	0.724 7	0.785 2	0.803 8	0.824 1	0.867 5	0.914 7	0.953 6	0.942 8	0.965 5	0.988 2	0.864
食品制造业	0.497 3	0.534 2	0.521 8	0.536	0.536 3	0.614 5	0.617 4	0.734 6	0.745 7	0.786 9	0.803 2	0.629 8
酒、饮料和精制茶制造业	0.403 4	0.421 5	0.409 7	0.408 5	0.398 2	0.436 4	0.447 5	0.525 6	0.506 2	0.549 8	0.603 4	0.464 6
烟草制品业	1	1	1	1	1	1	1	1	1	1	1	1
纺织业	0.465 1	0.448 9	0.537 6	0.514 2	0.568 7	0.613 2	0.629 8	0.606 1	0.645 2	0.710 8	0.725 9	0.587 8
纺织服装、鞋、帽制造业	0.897 1	0.876 4	0.870 1	0.857 5	0.853 1	0.843 5	0.846 7	0.829 3	0.804 3	0.816 7	0.799 2	0.844 9
皮革、毛皮、羽毛(绒)及其制品业	0.924 7	1	1	0.967 5	0.988 6	0.993 7	1	1	1	1	1	0.988 6
木材加工及木竹藤棕草制品业	0.435 1	0.429 8	0.446 9	0.450 8	0.576 1	0.632	0.578 6	0.543 9	0.583 7	0.632 7	0.660 6	0.542 7
家具制造业	0.653 7	0.634 8	0.615 4	0.897 5	0.716 9	0.709 8	0.836 2	0.816 5	0.863 8	0.905 2	0.913 7	0.778 5
造纸及纸制品业	0.318 7	0.334 9	0.341 8	0.306 7	0.369 8	0.371 8	0.359	0.362 9	0.379 1	0.352 9	0.357 1	0.350 4
印刷业、记录媒介的复制	0.329 6	0.401 7	0.431 8	0.398 1	0.371 9	0.365 1	0.330 9	0.356 7	0.372 2	0.357 6	0.366 7	0.371 1
石油加工、炼焦及核燃料加工业	0.698 1	0.954 6	1	1	0.983 4	0.967 8	0.924 7	1	1	1	1	0.957 1
化学原料及化学制品制造业	0.448 9	0.418 7	0.432 9	0.518 7	0.528 5	0.551 8	0.567 2	0.572 8	0.602 4	0.531 4	0.523	0.517 8
医药制造业	0.562 9	0.531 6	0.509 2	0.498 5	0.487 9	0.452 8	0.446 7	0.465 2	0.408 9	0.402 4	0.400 1	0.469 7
化学纤维制造业	0.427 8	0.456 8	0.438 7	0.467 2	0.476 2	0.499 8	0.513 2	0.548 7	0.568 3	0.574 4	0.598 2	0.506 3
橡胶和塑料制品业	0.562 7	0.578 3	0.541 8	0.587 1	0.536 5	0.612 9	0.647 3	0.612	0.599 9	0.589 2	0.592	0.587 2
非金属矿物制品业	0.298 1	0.302 2	0.323 1	0.341 7	0.352 6	0.376 1	0.410 9	0.342 8	0.387 1	0.404 6	0.398 4	0.358
黑色金属冶炼及压延加工业	0.409 2	0.415 4	0.448 2	0.532 7	0.563 8	0.618 6	0.643 5	0.598 1	0.572 8	0.593 4	0.576 1	0.542 9
有色金属冶炼及压延加工业	0.448 7	0.432 9	0.438 9	0.491 8	0.587 3	0.586 3	0.628 3	0.674 3	0.724 9	0.842 5	0.873 6	0.611 8
金属制品业	0.703 5	0.683 9	0.690 8	0.723 8	0.789 4	0.821 3	0.804 4	0.794 5	0.724 3	0.705 6	0.694 3	0.739 6
通用设备制造业	0.532 7	0.545 2	0.566 6	0.687 4	0.704 3	0.721 3	0.739 2	0.765 6	0.734 5	0.777 8	0.774 5	0.686 3

续表

行业	2002	2003	2004	2005	2006	2007	2008	2009	2010	2011	2012	平均
专用设备制造业	0. 498 7	0. 513 4	0. 532 4	0. 561 2	0. 634 5	0. 632 1	0. 647	0. 678 3	0. 698 2	0. 702 1	0. 702 3	0. 618 2
交通运输制造业	0. 704 3	0. 734 5	0. 765 4	0. 766 6	0. 809 6	0. 957 6	1	1	1	1	1	0. 812 7
电气机械及器材制造业	0. 805 6	0. 835 4	0. 843 5	0. 885 6	0. 892 3	0. 905 6	0. 976 8	1	1	1	1	0. 922 3
通信设备、电脑等电子设备制造业	1	1	1	1	1	1	1	1	1	1	1	1
仪器仪表及文化办公机械制造业	0. 723 4	0. 763 4	0. 765 8	0. 834 5	0. 876 5	0. 898 9	0. 956 4	0. 972 3	0. 998 2	1	1	0. 889 9
制造业平均	0. 591 46	0. 61	0. 623	0. 65	0. 669	0. 687	0. 703	0. 72	0. 725	0. 739	0. 744 25	0. 678 6

数据来源:作者计算整理

从表 1 还可以看出重庆市的烟草制品业、通信设备计算机及其他电子设备制造业的平均环境技术效率保持为 1，说明这两个行业的环境技术均达到了效率前沿面，实现了行业资源投入减少，产出效益增加、污染排放降低的理想水平。石油加工炼焦及核燃料加工业除 2002、2003、2006、2007、2008 年外，其余年份均在效率前沿面上；交通运输制造业、电气机械及器材制造业近年来环境技术效率提高较快，分别于 2008 年、2009 年达到了效率前沿面。从行业性质看，平均环境技术效率达到效率前沿面的行业都集中在竞争、垄断程度较高的产业中。其中，通信设备计算机及其他电子设备制造业环境技术效率的良好状态和重庆市政府多年来重视电子信息产业发展密不可分，电子信息产业作为绿色环保的代表，以其“高、精、尖、新”的特征，成为带动地区经济可持续发展的关键产业。近年重庆市打造“6+1”产业体系和“五大功能区”产业发展规划有力地促进了重庆市电子信息产业的快速发展。交通运输制造业、电气机械及器材制造业、仪器仪表及文化办公用机械制造业作为带动地方经济发展的优势产业，伴随劳动者素质与技能及行业集中度提高，为整个行业的发展带来了多项垄断专利技术，对行业向“资源节约、环境友好”型发展模式转变起到了正向促进作用。平均环境技术效率较低的行业分别是：非金属矿物制品业(0. 358)、印刷业和记录媒介的复制（0. 371 1)、造纸及纸制品业(0. 350 4)、酒、饮料和精制茶制造业(0. 4646)、化学纤维制造业(0. 5063)，这 5 个行业环境技术效率远远低于行业平均水平(0. 678 6)，表现为不益于可持续发展的“资源浪费，环境污染”型产业。

(三)重庆市制造业环境技术效率动态分析

根据上文的分析，本文对重庆市制造业各行业考虑环境因素的 *M* 指数、*ML* 指数进行了测算。

表 2　2002 ～2012 年各期间重庆制造业 *M* 指数、*ML* 指数及其分解

年份及分类	*Meffch*	*Mtechch*	*Mtfpch*	*MLeffch*	*MLtechch*	*MLtfpch*
2002 ～2003	0. 9768	1. 0975	1. 0708	0. 9673	1. 0903	1. 0542
农产品原料加工业	0. 959	1. 127	1. 081	0. 941	1. 134	1. 066
非农产品原料加工业	0. 921	1. 125	1. 036	0. 907	1. 021	1. 023
原材料工业	1. 027	1. 014	1. 042	0. 985	1. 104	1. 029
机械设备制造业	1	1. 124	1. 124	1. 036	1. 102	1. 099
2003 ～2004	1. 0385	1. 083	1. 1235	1. 036	1. 089	1. 1043
农产品原料加工业	1. 084	1. 097	1. 189	1. 056	1. 055	1. 178
非农产品原料加工业	1. 094	1. 021	1. 117	1. 085	1. 103	1. 097

续表

年份及分类	*Meffch*	*Mtechch*	*Mtfpch*	*MLeffch*	*MLtechch*	*MLtfpch*
原材料工业	0.972	1.086	1.056	0.991	1.091	1.033
机械设备制造业	1.004	1.128	1.132	1.012	1.107	1.109
2004～2005	1.026	1.066	1.093	1.021	1.044	1.0763
农产品原料加工业	0.962	1.04	1	0.948	1.032	0.995
非农产品原料加工业	1.139	1.03	1.174	1.128	1.041	1.159
原材料工业	1.032	1.109	1.145	1.007	1.112	1.126
机械设备制造业	0.971	1.085	1.053	1.001	0.991	1.025
2005～2006	1.0113	1.0728	1.082	0.994	1.0925	1.07
农产品原料加工业	1.081	1.062	1.148	1.073	1.066	1.132
非农产品原料加工业	1.029	1.046	1.076	1.002	1.055	1.058
原材料工业	0.877	1.138	0.998	0.867	1.142	0.994
机械设备制造业	1.058	1.045	1.106	1.034	1.107	1.096
2006～2007	1.0113	1.0925	1.1043	1.001	1.1058	1.0823
农产品原料加工业	1.092	1.07	1.168	1.078	1.082	1.142
非农产品原料加工业	0.993	1.151	1.143	0.987	1.158	1.127
原材料工业	0.974	1.046	1.018	0.962	1.052	0.996
机械设备制造业	0.986	1.103	1.088	0.975	1.131	1.064
2007～2008	0.9915	1.087	1.077	0.976	1.093	1.0625
农产品原料加工业	1.008	1.056	1.064	0.999	1.064	1.049
非农产品原料加工业	1.049	1.039	1.09	1.035	1.042	1.078
原材料工业	0.932	1.138	1.061	0.903	1.145	1.045
机械设备制造业	0.977	1.116	1.091	0.967	1.121	1.078
2008～2009	0.985	1.089	1.1205	0.979	1.101	1.111
农产品原料加工业	0.983	1.052	1.034	0.978	1.066	1.026
非农产品原料加工业	0.941	1.179	1.109	0.936	1.189	1.098
原材料工业	1.055	1.02	1.174	1.043	1.034	1.165
机械设备制造业	0.961	1.106	1.165	0.959	1.113	1.156
2009～2010	0.9715	1.061	1.045	0.9655	1.0565	1.0328
农产品原料加工业	0.933	1.005	1.103	0.928	1.013	1.095
非农产品原料加工业	0.955	1.026	1.009	0.947	1.016	1
原材料工业	1.013	1.106	1.035	1.009	1.098	1.017
机械设备制造业	0.985	1.107	1.031	0.978	1.099	1.019
2010～2011	1.033	1.078	1.068	1.024	1.1	1.0533
农产品原料加工业	0.976	1.132	1.012	0.966	1.134	0.998

续表

年份及分类	*Meffch*	*Mtechch*	*Mtfpch*	*MLeffch*	*MLtechch*	*MLtfpch*
非农产品原料加工业	1.056	1.064	1.091	1.034	1.087	1.074
原材料工业	1.021	1.076	1.132	1.032	1.078	1.122
机械设备制造业	1.079	1.041	1.038	1.063	1.101	1.019
2011～2012	1.0148	1.0155	1.0368	1.0065	1.0213	1.0278
农产品原料加工业	0.993	1.011	1.068	0.987	1.023	1.058
非农产品原料加工业	0.978	1.023	1.045	0.971	1.032	1.032
原材料工业	1.065	1.012	1.023	1.046	1.008	1.013
机械设备制造业	1.023	1.016	1.011	1.022	1.022	1.008
制造业平均	1.005	1.074	1.082	0.997	1.079	1.068

数据来源：作者计算整理

从上表的测算结果可以清楚的得到以下三点结论：首先，重庆市制造业各行业2002～2012年间的*M*指数及*ML*均大于1，说明无论是否考虑环境因素制约，重庆市制造业各行业的全要素生产率都是逐年提高的。且从上表还可以看出，各期间的*M*指数均大于*ML*指数，其中各行业的*M*指数为1.082，而*ML*指数为1.0675，表明在考虑环境约束时重庆市制造业的年均增长下降1.4%。其次，从2002～2012年间重庆市制造业各行业*M*指数和*ML*分解的情况来看，技术效率指数*Mtechch*、*MLtechch*均超过了效率指数*Meffch*和*MLeffch*，表明技术进步是新千年以来重庆市制造业全要素生产率提高的关键因素。在未考虑环境因素制约条件下，技术变动指数平均值达到1.074，而效率变动指数平均值只有1.005，二者相差较大。在考虑环境因素制约的条件下，技术变动指数平均值为1.079，而效率变动指数平均值为0.997，二者相差不大。最后，2002～2012年间重庆市机械设备制造业考虑环境约束的*ML*指数略低于未考虑环境因素制约的*M*指数，平均水平降低达1.73个百分点；原材料工业和非农产品原料加工业情况非常相近，考虑环境约束的*ML*指数略低于未考虑环境因素制约的*M*指数1.46个百分点；农产品原料加工业环境约束的*ML*指数略低于未考虑环境因素制约的*M*指数1.76个百分点。

五、重庆市制造业发展对西部制造业转型升级的启示

本文从转型和升级两个方面出发，基于对重庆市制造业全要素生产率的分析，借鉴重庆市产业优化与转型升级相关政策措施，提出西部制造业转型升级的路径，以期为相关部门制定政策建议提供决策参考。

(一)西部制造业转型的路径选择

1. 强力推进节能减排，向绿色生态化转型

在资源与环境的双重约束下，西部制造业必须向绿色生态化转型。在转型发展过程中，首先要提高工业能源的利用效率，在西部制造业煤炭消费持续增长，短期内难以实现质的改变条件下，提高煤炭的使用效率是最现实的节能减排选择。其次是要改善工业能源消费结构，大力提倡使用和发展太阳能、风能等绿色环保型能源，促进制造业可持续发展。第三要大力支持发展循环经济，创建低投入、低消耗、低排放、高效率的工业经济可持续发展模式。

2. 加大自主创新投入，向创新自主化转型

与东部沿海省市相比，西部制造业的自主创新技术能力存在很大的不足，与国际相关制造业的领先水平更是相差悬殊。这极大的阻碍了西部制造业的发展，影响了国家西部大开发的进程。面对这种现状，建议西部制造企业参考重庆市作法向创新自主化转型，加大企业创新研发的投入力度。减少企业对东部转移制造业和国外转移制造业的技术依赖。

3. 深化产业分工合作，向行业联盟化转型

随着全球化效应蔓延以及国际分工的纵深推进，制造产业的国际国内竞争也日趋激烈。在这样的背景下，西部制造业需要通过“抱团”发展等形式，深化产业分工合作，形成战略联盟，发挥合力优势。鼓励制造业行业企业根据不同行业发展的内在规律和核心竞争力围绕整机产业链、原材料产业链、成品产业链 3 种发展模式，实行战略联盟。通过产供销合作、产学研联动等形式向行业联盟化转型，推动产业转型升级，构建具有核心竞争力的支柱产业体系。

4. 拓展业务服务领域，向生产服务化转型

随着科技发展和竞争的愈演愈烈，制造业服务化趋势凸显。西部制造业应该通过拓展业务服务范畴，突破价值链“低端锁定”格局，拓展外部发展空间。鼓励企业通过技术转移、营销、金融、物流等服务方面的能力发展规模经济，提高盈利水平。鼓励企业通过产业链重组，逐渐将企业的经营重心从加工制造转向诸如提供流程控制、产品研发、市场营销、客户管理等生产性服务，从制造企业转型为服务提供商。

（二）西部制造业升级的路径选择

1. 做强传统优势产业，做大新兴产业

我国西部由于地理位置不利、资金不足等因素，首先发展大多是资源密集型的产业和传统型产业，在未来的发展中，重点就是要提高其质量，向高端化方向发展。重点引导和支持以安全、环保、低碳为特点的绿色产业。引导和支持原材料工业走精深加工和循环经济发展模式，调整优化化工工业和材料工业，提高资源利用水平；引导和支持消费品工业走品牌战略和品种质量发展道路，提升消费品工业；同时以保障经济社会发展为重点，加快能源工业发展。对于轻工、纺织行业，重点是加强企业品牌建设；对于冶金和建材行业则要在严格控制总量扩张的同时，优化品种结构；对装备制造行业，今后重点是要提高基础工艺、基础材料、基础元器件研发和系统集成水平，推动装备产品智能化。

2. 做好高新技术产业，做活战略性新兴产业

做好高新技术产业与做活战略性新兴产业是西部制造业推进产业结构升级、加快转变发展方式的关键所在。在未来一段间内，关键是要根据这两个产业发展的规律特点，大力推行产业链垂直整合模式，突出重点，巩固壮大其规模。为此，需加强规划引导和统筹协调，安排好高新技术产业与战略性新兴产业的重点发展领域，避免盲目低水平投资建设。要依托创新财税金融支持方式，形成有效引导，发挥社会投资积极性，促进企业加大研发投入，全面增强自主创新能力。

3. 占领产业链条高端，重视产业垂直整合

为保证环境约束下西部制造业的可持续发展，西部各地区应立足自身发展优势，围绕资源和产业发展定位，因地制宜地培育和扶植制造产业。建议依托网络服务体系，多渠道拓展招商引资路径，做强生产性服务业，强化制造企业品牌意识，促使其占领价值链高端产业，推动制造业产业结构调整和升级。具体来说，一方面要加快提高制造业工艺技术水平和产品质量档次，另一方面要加快向制造产业的上游和下游拓展，延长产业链，拓展产业空间，增强产业链条上下游间的联系，并引导其科学合理地进行垂直整合。

4. 依托两带一路战略，夯实产业园区建设

积极响应国家“两带一路”发展战略，依托长江经济带、丝绸之路经济带和21世纪海上丝绸之路制定实施西部制造业产业升级战略。以发挥区域产业集群优势作为西部制造业升级的坚强基础，强化集群内企业间的交流与协作，积极引导制造业产业集群向创新型转变。进一步加强西部工业园区的产业发展规划，重点强调政府服务工业园区的力度。围绕工业园区制造业特点增强基础设施配套建设能力，从而夯实产业园区建设，助推西部经济快速增长。

参考文献

[1] 颜鹏飞，王兵. 技术效率、技术进步与生产率增长：基于DEA的实证分析[J]. 经济研究，2004(12)：55-65.

[2] 原鹏飞，何枫. 中国制造业生产效率变迁实证研究[J]. 软科学，2006，(5)：31-33.

[3] 叶振宇，叶素云. 要素价格与中国制造业技术效率[J]. 中国工业经济，2010，(11)：47-57.

[4] 涂正革，肖耿. 中国工业增长模式的转变——大中型企业劳动生产率的非参数生产前沿动态分析[J]. 管理世界，2006，(10)：57-81.

[5] 李胜文，李大胜. 中国工业全要素生产率的波动1998～2005：基于细分行业的三投入随机前沿分析[J]. 数量经济技术经济研究，2008，(5)：43-54.

[6] 袁堂军. 中国企业全要素生产率水平研究[J]. 经济研究，2009，(6)：52-64.

[7] Fare R，Grosskopf S，Pasurka C A. Accounting for Air Pollution Emissions in Measureing State Manufacturing Productivity Growth[J]. Journal of Regional Science，2001，(41)：381-409.

[8] Yoruk B，Zaim O. Productivity Growth in OECD Countries：A Comparison with Malmquist Indices[J]. Journal of Comparative Economics，2005，(33)：401-420.

[9] 王兵，吴延瑞，颜鹏飞. 环境管制与全要素生产率增长：APEC的实证研究[J]. 经济研究，2008，(5)：19-32.

[10] 吴军. 环境约束下中国地区工业全要素生产率增长及收敛分析[J]. 数量经济技术经济究，2009，(11)：17-27.

[11] 陈诗一. 中国的绿色工业革命：基于环境全要素生产率视角的解释(1980—2008)[J]. 经济研究，2010，(11)：21-58.

[12] 王燕，谢蕊蕊. 能源环境约束下中国区域工业效率分析[J]. 中国人口·资源与环境，2012，(5)：114-119.

[13] 邵汉华. 环境约束下中国区域经济增长状况研究——基于Malmquist-Luenberger生产率指数的实证分析[J]. 数量经济技术经济究，2009，(9)：65-78.

[14] 吴军. 环境约束下中国地区工业全要素生产率增长及收敛分析[J]. 数量经济技术经济研究，2009，(11)：17-27.

[15] 李小平，朱钟棣. 中国工业行业的全要素生产率测算——基于分行业面板数据的研究[J]. 管理世界，2005，(4)：56-64.

附录五　借鉴美国“再工业化”经验促进重庆市制造业转型升级*

黄庆华　刘晗

随着我国经济发展迈入新常态阶段，转变经济增长方式，主动适应新常态下的新趋势、新特征和新要求，将成为各地区经济建设的主要着力点。统计数据显示，在过去的 2014 年，重庆市地区生产总值达到 14 265.40 亿元，同比增长 10.9%，其中制造业发展势头最为迅猛。汽车产业增加值同比增长 20.5%，电气机械及器材制造业和通用设备制造业分别增长 12.1% 和 14.0%；前者对经济增长的贡献率达到 29.2%，后者贡献率为 8.5%，业已成为经济增长的重要推动力量。进一步提高产业竞争力，加快产业转型升级步伐，继续保持并扩大制造业竞争优势，将是重庆市在新常态形势下经济工作的重点内容。

近年来，美国开始实施“再工业化”战略，既对正处于转型阶段的重庆制造业发展造成巨大威胁，同时也带来了潜在的重大机遇。一方面，美国掀起的“再工业化”浪潮势必对国际分工格局产生影响，进而波及重庆制造业在全球分工体系中的现有利益；另一方面，“再工业化”产生的“鲶鱼效应”会加快重庆制造业转型升级步伐，通过汲取美国制造产业升级发展的成功经验，避免长期滞留全球价值链低端，迅速实现在价值链层级上的跃升，依靠创新突破获取价值链增值收益，并继续保持制造环节上的产业竞争优势。因此，学习和借鉴美国“再工业化”战略的实践经验，无疑对重庆制造业转型升级具有重要的指导意义。

一、美国“再工业化”的主要经验

美国“再工业化”战略的根本目的在于重振制造业，通过一系列政策措施和手段，促使海外制造企业向本土迁徙，进而巩固其制造强国地位。具体经验措施如下。

---

* 论文发表于《重庆日报》2015-3-19

(一)积极重建“产业公地”

“产业公地”(industrial commons)是众多制造业生产商、原材料供应商、消费者、产业工人以及科研机构的集合。作为培育制造产业的摇篮，“产业公地”推动美国制造业在19世纪～20世纪初期走向繁荣。然而，随着美国在20世纪中后期开始以金融、信息等服务行业为主导产业，制造企业大量向海外迁移，导致“产业公地”迅速衰落，影响了研发能力的可持续提高。为此，美国把重新夺回竞争优势作为振兴制造业的首要任务，依靠企业和政府的共同努力，积极重建“产业公地”。一方面，一些知名企业的高管逐渐意识到新兴国家的土地、劳动力成本上升严重挤压了企业利润，准备关闭分散于全球的“生产车间”，并联合其上游供应商和下游销售商共同将制造环节迁回美国本土；另一方面，政府利用一系列政策工具，包括教育、税收、研发支持、培训、反垄断、补贴、知识产权、贸易、政府采购以及各类法规，保护产业公地的科技基础，扩大制造业的科技投入，创建人力资本，为回流的制造业企业提供“繁衍”的“温室”，进而全面提升制造产业竞争力。

(二)制造与创新并重

从20世纪50年代起，美国开始专注于设计、研发和售后服务等高附加值活动，制造(包括高度复杂的制造)环节逐步向亚洲新兴经济体转移，并在一段时期内实现经济的稳定增长。但是，随着新兴国家制造产业的不断发展，与美国在创新环节上的差距日渐缩小，开始威胁到美国制造业价值链“链主”的地位。美国政府和企业逐渐意识到制造对于创新的重要性，认识到制造业创新取决于模块化程度(产品设计与制造工艺的可分离程度)。一些模块化程度高的行业，如电子计算机，其制造环节和研发环节可以相互分离，而对于低模块化的行业，如生物制药、纳米材料等，由于制造关键技术尚未完全成熟，因而产品研发与制造必须同步推进。因此，在此次“再工业化”进程中，美国政府专门为这些新兴制造行业搭建科技研发平台，帮助企业在产品研发上实现突破，同时，企业积极建立生产基地，专注于解决制造工艺上的关键性问题，通过研发与制造的紧密结合，实现新兴制造产业的创新发展。

(三)重视人力资本积累

美国于20世纪中后期开始实施“去工业化”发展战略，使得大量制造企业纷纷向海外迁移，制造产业严重“空心化”，许多专业技术工人面临失业困境，不得不转而从事其他行业，导致美国积累了近百年的人力资本优势逐渐消失殆尽。虽然制造业愈发朝机械化、智能化方向发展，但是一些核心制作环节必须要依靠熟练技工才能完成，特别是在产品制造尚未实现模块化生产时，更需要专业熟练的技术工人在反复实验中突破关键技术瓶颈，从而完成新兴产品的研发与制造。为开启新一轮的“再工业化”进程，美国政府和企业反思“去工业化”导致的人才流失问题，开始重视人力资本的积累。政府把主要精力集中在基础教育上，通过财政资金投入，提高教育水平，为培育创新型研发设计人员和专业制造技术人员奠定坚实基础。企业则将新的生产基地建在靠近大学和科研机构的地方，便于开发和获取人力资源，建立实习工作中心，让在校学生积累实际操作经验，通过联合培养的方式得到适合企业的专业技术人才。

二、促进我市制造业转型升级的政策建议

美国“再工业化”的实践经验表明，制造业转型升级有赖于产业整体向前推进，并不能单纯由制造环节向研发环节转变，人力资本则是推动产业升级的核心动力。有鉴于此，重庆市制造业未来发展的策略应该是：

（一）培育创新产业集群

强化电子信息、汽车、机械装备、高端材料、生物医药等主导产业的支撑地位，借鉴美国“再工业化”发展“产业公地”的思路，把培育创新产业集群作为制造业转型升级的基本方略。依照产业间的关联度构建集群，结合重庆“五大功能区”发展定位进行梯次布局，把终端消费品制造、核心原配件生产、产品研发与设计等生产企业紧密联系到一起，形成完整的产业链条，加快制造产业在价值链上跃升的步伐。重点突出集群创新性，在集群内部建立完善的人流、物流、信息流，加强对相关产业共性技术的研发力度，通过对云计算与大数据、通信设备和物联网等创新型制造产业集群的重点培育，占领产业发展最前沿阵地，率先实现在价值链上的攀越。此外，还应吸取美国制造业发展的经验教训，在培育集群创新性时避免轻易放弃产业的制造环节。

（二）建立研发孵化平台

美国“再工业化”经验表明，制造与创新是制造业发展的“双核”动力。现阶段，科技创新是重庆制造产业转型升级的关键，应通过政府与企业共同的努力，依托工业园区和产业集群，联合相关科研院所，建立制造产业科技研发平

台。应该借助中国科学院重庆绿色智能技术研究院、重庆市科学技术研究院、电子科技集团研究所等中央和市属科研机构的力量，以创新园区基地为主要载体，构建集科技创新、成果转化、示范应用、技术服务为一体的研发孵化平台，为制造产业转型升级提供技术支撑，实现共性技术的重点突破，帮助企业在研发环节克服技术壁垒，推进产品的设计与研发，并将一些基础技术的应用延伸到其他相邻产业。同时，制造企业也应该依托创新园区基地，结合自身产品开发要求，加强对于关键制造环节工艺技术的研发投入力度，努力提高生产模块化程度，实现产品研发与制造的分离，确保获取更高的价值链增值收益，以便把发展的重点转移到工艺改进和技术研发上，增强科技研发的创新能力，推进创新园区基地的发展，进一步壮大研发孵化平台。

（三）实施人才队伍建设

为了避免出现美国制造业人力资本缺失的问题，重庆在制造业转型升级阶段就应重视人力资本积累，加快实施人才队伍建设。要加强对人力资源的开发和利用，联合重庆大学、西南大学、重庆邮电大学等综合性大学，培养电子信息、机电设计等方面的研发设计人才，通过重庆工业职业技术学院、重庆电子工程职业学院等高职院校，为制造企业输送专业技术工人，在产业的创新环节和制造环节大量积累人力资源，确保制造与创新并重，全面推动制造产业转型升级进程。另外，还应该加大人才的引进力度，通过较高薪资待遇，吸引具有发达国家工作经验的设计研发人员和专业技术人员，壮大人才队伍，加快人力资本的积累速度，从而确保制造产业长期稳定发展。

（四）完善产业发展环境

无论是从产业发展规律，还是从美国实践经验上来看，产业发展的层次越高，对环境的要求就越高。应抓住“一带一路”“长江经济带”等发展战略实施的良好契机，努力打造丝绸之路经济带重要战略支点、长江经济带西部中心枢纽、海上丝绸之路产业腹地，着力改善制造产业发展环境。依托重庆市江北嘴国际金融中心，优化投融资环境，开拓投融资渠道，为制造业发展不断注入新鲜“血液”，支撑整个产业的转型升级。借助重庆市内陆开发开放高地的有利区位，以两路寸滩保税港区为中心，以长江黄金水道、“渝新欧”铁路、沿江高速公路等为主要载体，打造立体交通贸易体系，全面优化物流交通网络，为制造业转型发展提供便利条件。创新服务贸易发展方式，先行先试跨境电子商务，首创移动跨境购新模式，开展线下展示、线上交易的保税商品展示交易。此外，还应该从法制、财税、信息等其他方面入手，不断优化制造业发展环境，通过全面推进大平台、大通道、大通关、大集群、大环境开放体系建设，纵深推进内陆开放高地建设，完善产业发展环境，促进制造产业转型升级。

附录六　让“互联网+制造业”成为新经济驱动力*

刘晗　黄庆华

创新驱动是新常态背景下经济发展的核心要义。对于重庆市来说，保持经济稳定增长的关键在于改变要素推动的传统模式，通过创新驱动电子信息、汽车制造、机械装备、高端材料等制造产业发展。党的十八大做出了“推动信息化与工业化的深度融合”重要战略部署，2015年中央政府工作报告中进一步提出“互联网+”行动计划，指出要充分发挥互联网集成作用，优化资源要素配置，通过把互联网的创新成果与经济社会各个领域深度融合，提升实体经济的创造力和生产力。重庆制造业要得到可持续发展，就需要充分发挥“互联网+”这种创新模式的作用，使之成为未来经济增长的重要驱动力量。

一、“互联网+制造业”发展模式的优势

（一）工业互联网有效配置资源

工业互联网是全球化开放的网络，是将“智能机器”、“高级分析”和“工作中的人”连接起来的结果，它通过机器和ICT技术的融合来提高效率、降低成本、减少资源耗损。工业互联网的核心，是通过信息流分析，让资源流动、配置更为合理，通过对效率的改进，最终促进经济收益的大幅度增长。

（二）智能制造优化生产流程

在以“德国工业4.0”为代表的新一轮科技革命和产业变革中，以数字化、网络化、智能化为标志的智能制造，将是我国工业化与信息化深度融合的主攻方向。智能制造实现了从市场分析、生产管理、加工装配、销售、维修、服务到回收再生的全过程覆盖，实现了从人、技术、管理、信息的四维集成，到物质流和

---

* 论文发表于《重庆日报》2015-4-16

能量流、信息流和知识流的集成交汇。在新一轮科技革命中，智能制造是制造业数字化、网络化、智能化的发展方向，是强化工业基础能力，提高综合集成水平，完善多层次人才体系，促进产业转型升级的重要战略举措。

(三)物流信息网促进产品流通

电子商务实现了区域内与跨区域间的资源优化与配置，是提高制造企业竞争力的不二法宝。电子商务从传统的交易平台向研发设计平台、生产加工平台、物流配送平台、金融融资平台拓展和转型，扩宽了物流信息网的维度，使资源配置更加合理。物流信息网是在综合电商平台、物流电商平台上建立起来的，是拥有统一的物流干线、配送网络和完善物流的基础设施。它完善了电子商务生态链条，将物流信息网融入产前、销售及售后，突破了区域产品流通壁垒，使企业更具战略竞争力。

二、依托“互联网+”促进制造业发展的主要措施

(一)打造信息技术产业高地

“互联网+”通过互联网、云计算、大数据、物联网，与现代制造业、生产性服务业等融合创新，去发展壮大制造产业，打造新的产业增长点。要利用“互联网+”对接制造产业发展，就必须发展壮大诸如大数据、云计算等信息技术产业。一方面，通过传感技术、云计算、大数等信息技术，推进重庆物联网技术的应用发展，促进芯片、元器件、软件、系统集成、物联网服务等产业环节、产业门类的发展，打造信息技术产业高地。另一方面，要把工业互联网和自主可控的软硬件产品，作为信息技术产业高地的主要动力和重要支撑，培育新型生产方式和商业模式，加快生产型制造向服务型制造转变。

(二)加强网络基础设施建设

网络基础设施是实现传统运营商向综合信息服务商转化的核心元件。信息网络的建设完善，是推进移动互联网与物联网融合发展的基础，是制造业与信息化融合发展的保障。重庆建设网络基础设施，一方面要攻克关键软硬件的适配技术，促进信息安全技术研发与产业化的结合，提升基础电子信息产业对制造业的安全环境系数；另一方面要加强运营商、信息技术服务商和互联网企业的多方合作，建立有效的互联网资源平台，深化信息服务在企业管理、节能、生产等方面

的作用，提高信息化网络基础设施的综合服务能力。

(三)促进“两化”深度融合发展

信息产业的发展以及信息基础设施的建设，为信息化和工业化深度融合提供了保障。互联网与工业发展融合的主攻方向是占领智能制造这一战略高地。重庆应鼓励企业建立智能生产体系，将数字化生产设备联网，提升制造过程的信息化水平，促进企业向信息化技术综合集成的阶段发展。完善制造业企业的商务数字化模式，促成电子商务合作，积极使用云计算、物联网技术，加快生产方向的智能化发展。

(四)培养和组建专业人才队伍

实现“互联网+制造业”，必须要有专业的人才配套。建立强大的专业人才储备，就要引进分析平台、算法的数据科学家及软件、网络安全专家。从企业层面来说，要强化企业主要负责人推进信息化的意识，在大中型企业全面普及企业首席信息官(CIO)制度。从教育层面来说，高校要积极参与专项行动，提供战略研究和技术咨询，要鼓励建设知识共享平台，开设“两化”融合的网络公开课程，结合国家专业技术人才知识更新工程，联合企业共建实训基地，开展实用人才培训。

附录七　应借鉴美国“再工业化”经验破解重庆传统制造产业转型升级困境*

黄庆华　刘晗

传统制造产业发展的根本出路在于转型升级，而转型升级的核心要义则是创新驱动。为此，课题组深入重庆数十家制造企业调研，发现传统制造企业受困于研发能力不足，转型升级举步维艰，普遍面临“人才老”、“设备旧”、“负担重”、“机制差”等困境。若不及时扭转，传统制造产业必将囿于长期无效率发展的境地，进而引发产能过剩、经济放缓、人员失业、资源浪费、环境污染等一系列经济、社会和环境问题，严重影响重庆市的经济可持续发展。因此，破解传统制造产业转型升级困境，迫在眉睫；借鉴美国“再工业化”战略实践经验，正当其时。

一、传统制造产业转型升级面临的主要困境

困境之一：科技人才缺失，创新能力不强

重庆传统制造产业多以劳动密集型为主，企业员工数量多，但科技人员占比不高，创新能力不强，阻碍了产业转型升级的步伐。以调研的某齿轮生产企业为例，该公司拥有近3500名员工，主要以蓝领技工为主，学历多为初中、中专，缺乏高级技术人员，近年来公司产品需求量年均下滑7%，中、低端产品严重过剩，在谋求向高端产品升级过程中，受困于技术研发人才不足，进展缓慢，2014年虽然总产值达到7亿，但劳动生产率较低，人均产值仅为20万元。与此相对应的是，长安集团通过聚集大量的科技人才，依靠创新驱动促进企业转型发展，凭借旗下超过6000人的专业研发团队，2014年实现销售收入2166亿元，同比增长33%,，增速达到行业平均水平的3.3倍。

---

* 论文发表于重庆市社科院、重庆市人民政府发展研究中心《决策建议》2015年第17期，获得重庆市委常委王显刚领导的批示。

困境之二：生产设备陈旧，产品研发乏力

重庆传统制造产业大多发轫于上世纪的“三线”建设时期，大量厂房、设备均已过时，虽然部分进行了更新换代，但总体上看生产设备已经远远落后于产业前沿，严重制约了产业转型升级。例如，本次调研的某钢铁集团公司，该公司一直以生产船舶板、锅炉板为主。由于市场价格下跌近 50%，导致公司严重亏损。为扭转局面，公司计划转型生产市场行情较好的汽车板，但现有生产设备过于陈旧，短时期内难以完成新产品的研发。相比之下，此次调研的一家新材料生产企业，该企业以生产电池隔膜为主，2011 年正式投产时购置了大量先进生产设备，使得产品研发到销售的周期大幅缩短，新产品可以从实验室小样出产，不经过中试，直接进行产业化生产，现阶段新产品年产量可达 3600 万平方米，占据全国市场份额的 6%。

困境之三：企业负担过重，研发投入不足

近年来，制造业金融化趋势日益明显，大量资金并未真正投入到实体经济中，导致传统制造产业普遍存在资金周转不畅，融资成本高昂，财务费用过高等问题。调研发现，无论是资本密集型还是技术、劳动密集型产业，都面临资金短缺问题，个别企业负债率高达 70% 以上，每年需支付高额财务费用，加之货款回收缓慢，流动资金捉襟见肘，根本无力支付研发投入费用。此外，税费负担过重也是制约企业研发投入的重要影响因素，调研的部分企业在申报税收减免时由于审批周期较长，迟迟未能享受到税收优惠，而排污处理费等费用的上升也给企业经营带来一定的负担，个别企业年排污处理费支出高达数百万元。

困境之四：缺少衔接机制，研发效果较差

除了上述三大困境外，由于协同创新机制不健全，上下游企业间没有建立研发战略同盟，导致企业投入大量资金研发生产的新产品、新技术难以及时销售出去，造成企业亏损严重。调研的某变压器制造公司，其所研发出的新产品可以有效降低电力耗损，但是由于未及时与下游企业进行衔接，导致新研发产品的规格、容量、外观设计等方面不能完全匹配下游企业的生产要求，致使大量新产品积压，2014 年公司利润率仅为 4%。与之相比，调研的另一家新能源生产企业，在产品研发设计初期，企业就与潜在客户达成战略合作意向，双方共同开展产品研发。该企业研发出的新型节能供电技术，可以利用工业“三废”进行发电，能够显著减少工业污染。不仅企业通过技术研发获得丰厚报酬，同时也使技术使用方的电力自给率达到80%以上。依靠研发战略协作，真正实现“双赢”。

二、美国“再工业化”对传统制造产业转型升级的启示

美国“再工业化”战略以创新研发为核心，以“产业公地”为载体，以研发联盟为纽带，以人才引进为保障，以财政金融为助推，顺利实现制造产业的繁荣，进一步巩固其制造强国地位。借鉴美国“再工业化”实践经验，破解制造产业转型升级困境，重庆应该主要从以下几个方面着手：

1. 建立研发孵化平台，着力推进协同创新

鉴于制造产业研发创新“机制差”的问题，重庆市应借鉴美国“产业公地”建设的实践经验，着手建立新的研发孵化平台，通过构建研发战略联盟，紧密联系产业链上下游企业，推进制造产业协同创新。一是依托工业园区和产业集群，构建集科技创新、成果转化、示范应用、技术服务为一体的研发孵化平台。二是借助中央和市属科研机构的力量，以创新园区基地为主要载体，实现共性技术的重点突破，帮助企业在研发环节克服技术壁垒。三是企业依托创新园区基地，结合自身产品开发要求，联系上下游关联企业，进行研发战略合作，共同完成产品创新研发。

2. 加强财政金融支持，助推产业创新研发

针对制造产业面临的“负担重”、“设备旧”的困境，重庆市应学习美国“再工业化”的实际做法，通过政府财政引导，社会资金投入的方式拓宽研发创新的资金来源渠道，弥补企业研发投入的不足。一是由政府发起成立制造产业研发创新基金，通过财政投入和社会募集方式筹集资金，主要用于支持传统制造企业进行创新研发，并从企业收益中获取投资回报。二是通过政府财政直接投入建立研发实验基地，购置一批先进研发设备仪器，采取租赁的方式交予企业进行研发创新时使用，避免企业重复投资设备，减少企业的研发成本。三是创新金融服务，引入价值链融资、供应链融资等融资模式，允许企业以研发产品销售的预期收益、专利权以及无形资产等抵质押获得贷款，支持具备条件的企业通过上市融资、发行债券等方式筹集资金。四是政府应对转型升级过程中的传统制造企业实施税收优惠政策，减少审批流程，加大对企业的税费返还力度。

3. 实施人才队伍建设，确保完成研发任务

为了解决制造产业普遍存在的“人才老”问题，重庆市应汲取美国“再工

业化”的成功经验，在传统制造产业转型升级过程中重视人力资本积累，加快实施人才队伍建设。一是联合重庆大学、西南大学、重庆邮电大学等综合性大学，培养基础夯实、能力突出、思维活跃的研发设计人才。二是通过重庆工业职业技术学院、重庆电子工程职业学院等高职院校，为制造企业输送专业技术工人，在产业制造环节大量积累人力资源。三是加大人才的引进力度，通过较高薪资待遇，吸引具有发达国家工作经验的高端管理人才、设计研发人员和专业技术人员，壮大人才队伍，加快人力资本的积累速度，从而确保传统制造产业顺利实现转型升级。

附录八 深入实施“互联网+”行动计划，创新驱动制造产业转型升级*

刘晗 黄庆华

随着我国经济发展迈入新常态阶段，转变经济增长方式，主动适应新常态下的新趋势、新特征和新要求，将成为各地区经济建设的主要着力点。统计数据显示，在过去的 2014 年，重庆市地区生产总值达到 14 265.40 亿元，同比增长 10.9%，其中制造业发展势头最为迅猛。汽车产业增加值同比增长 20.5%，电气机械及器材制造业和通用设备制造业分别增长 12.1% 和 14.0%；前者对经济增长的贡献率达到 29.2%，后者贡献率为 8.5%，业已成为经济增长的重要推动力量。进一步提高产业竞争力，加快产业转型升级步伐，继续保持并扩大制造业竞争优势，将是重庆市在新常态形势下经济工作的重点内容。

创新驱动是新常态背景下经济发展的核心要义。对于重庆市来说，保持经济稳定增长的关键在于改变要素推动的传统模式，通过创新驱动电子信息、汽车制造、机械装备、高端材料等制造产业发展。党的十八大做出了“推动信息化与工业化的深度融合”重要战略部署，2015 年中央政府工作报告中进一步提出“互联网+”行动计划，指出要充分发挥互联网集成作用，优化资源要素配置，通过把互联网的创新成果与经济社会各个领域深度融合，提升实体经济的创造力和生产力。由此可见，“互联网+”这种创新发展模式，必将成为未来经济增长的重要驱动力量。为此，剖析“互联网+”模式在驱动制造产业发展中发挥的作用，结合重庆市制造业发展现状，有针对性地提出实施“互联网+”战略的具体举措，无疑具有十分重要的实践价值。

---

* 论文发表于《重庆学习论坛》2015 年第 4 期

一、制造业“互联网+”发展模式的优越性

（一）工业互联网有效配置资源

工业互联网是全球化开放的网络，是将“智能机器”、“高级分析”和“工作中的人”连接起来的结果，通过机器和ICT技术的融合来提高效率，降低成本，减少资源耗损。工业互联网作为一种基于“互联网+”的理念下传统工业的新业态，一方面通过从消费品工业向装备制造、能源、新材料等工业领域渗透，全面推动传统工业生产方式的变革；另一面将云计算、大数据、物联网等新技术融入现代制造业中，通过发展电子商务、互联网金融来降低生产成本，提高生产效率。工业互联网来源于系统检测的完善，信息技术成本的降低，以及获取实时数据能力的跨越式改进，其核心是经过信息流分析，使资源流动方式和合理性得到进步，收益则体现在通过对效率的改进，促进经济收益的大幅度增长，在全球一体化和技术快速转移背景下，实现收益全球化效应。

（二）智能制造优化生产流程

在以“德国工业4.0”、“美国先进制造伙伴计划”为代表的新一轮科技革命和产业变革中，数字化、网络化、智能化为标志的智能制造，将是我国工业化与信息化深度融合的主攻方向。智能化设备、产品等通过无线通讯网络等设备连接成一体，促进了信息技术在制造业中的集成应用，并通过智能工厂、智能装备、智能服务这些新模式和新业态，实现优质、高效、低耗、清洁、灵活生产的智能化制造目标，提高产品的市场适应能力和竞争力。智能制造实现了从市场分析、生产管理、加工和装配、销售、维修、服务，到回收再生的全过程覆盖，是从人、技术、管理、信息的四维集成，到物质流和能量流、信息流和知识流的集成交汇。智能制造使产品在工作和生产中更多地利用智能化方式，以实现减少成本，提高效率的目的。在新一轮科技革命中，智能制造是制造业数字化、网络化、智能化的发展方向，是带动各个产业数字化水平和提高产业智能化水平的主动力，是强化工业基础能力，提高综合集成水平，完善多层次人才体系，促进产业转型升级的重要战略举措。

（三）物流信息网促进产品流通

电子商务实现了区域内与跨区域间的资源、内部资源优化与配置，是提高制

造业企业竞争力的不二法宝。电子商务从传统的交易平台向研发设计平台、生产加工平台、物流配送平台、金融融资平台拓展和转型，扩宽了物流信息网的维度，使资源配置更加合理。在全球可用性网络资源及网络技术普及的背景下，物流的网络信息化为产品流通提供了良好的外部环境，通过计算机网络将供应商、制造商、物流配送中心、下游顾客等联系起来，使生产、消费等活动更具有效率，同时为制造业转型升级创造了良好的内外部条件。物流信息网是在综合电商平台、物流电商平台下建立起来的、统一的物流干线、配送网络和完善物流的基础设施，它使物流服务标准化，进而获得新利润源泉。物流互联网是电子商务生态链条的完善，将物流信息网融入产前，销售及售后，突破了区域产品流通壁垒，使企业更具战略竞争力。

（四）互联网金融支撑产业发展

互联网金融是一种重要的金融创新模式，这种模式不仅提高了资金的配置效率，拓宽了资金的融资渠道，为制造业的发展创造了更多机会，更为“互联网+”模式融入其他行业提供了经验和借鉴。互联网金融的形成促使了金融机构之间的竞争，从而提高了企业在金融市场上的融资效率，降低了企业在金融市场上的融资成本，从而促使企业提高产出。一方面，这种新型金融模式为产业的发展创造了无限可能，通过“普惠金融”模式，互联网金融将社会各群体中的金融服务连接在一起，构成物联网的一部分。另一方面，互联网金融的出现给制造业企业的投资决策、融通资金、生产经营，兼并重组注入了动力，推动制造业的转型升级。更为重要的是，互联网金融等生产性服务业的发展，推动了制造业产业链各环节的专业化与服务化，推动制造业向价值链高端发展演进。

二、依托“互联网+”模式促进制造产业发展的主要措施

（一）打造信息技术产业高地

“互联网+”模式通过互联网、云计算、大数据、物联网同现代制造业、生产性服务业等的融合创新，从而发展壮大制造产业，打造新的产业增长点。重庆市要利用“互联网+”对接制造产业发展，就必须先实现相关信息技术产业的发展壮大，比如大数据、云计算等信息产业的发展。一方面应该通过传感技术、云计算、大数据以及移动互联网等信息技术产业的融合发展，推进重庆市物联网技术及应用的相关进展，以及信息化、数字化、智能化的技术革命；促进在芯片、

元器件、软件、系统集成、电信运营、物联网服务等具体信息产业中的各产业环节、产业门类中的发展，打造重庆市信息技术产业高地的崛起，加速推进产业协同发展。另一方面要以工业互联网和自主可控的软硬件产品，作为信息技术产业高地的主要动力和重要支撑，培育新型生产方式和商业模式，加快生产型制造向服务型制造转变，加快信息网络公共基础设施建设，增强自主可控信息技术产业支撑能力和安全保障能力，推动两化融合向更深更广的方向发展。

（二）加强网络基础设施建设

网络基础设施是实现传统运营商向综合信息服务商转化的核心元件。信息网络的建设完善，是实现专项移动通信网和无限局域网的优化部署，推进移动互联网与物联网融合发展的基础，是创造制造业与信息化融合发展环境的保障。对于重庆市的网络基础设施建设而言，一方面要从相关制造业应用信息系统配套产业链的创新融合出发，攻克关键软硬件的适配技术，促进信息安全技术研发与产业化的结合，提升基础电子信息产业对制造业的安全环境系数，达到制造业产业链整体竞争力提升的目标。另一方面加强运营商、信息技术服务商和互联网企业的多方合作，建立有效的互联网资源平台，深化信息服务在企业管理、节能、生产等方面的作用，提高信息化网络基础设施的综合服务能力。最终通过对信息技术的产用合作，以及在重点行业开展信息技术应用的示范试点，总结出可供企业信息化合作发展的可行方案，从而推进信息技术应用公共服务平台的建设，提升信息产业的支撑服务能力。

（三）促进“两化”深度融合发展

信息产业的发展以及信息基础设施的建设，为信息化和工业化深度融合及创新发展提供了保障，同时也是物流信息网发展、智能工厂和智能产品创新的需要。互联网与工业行业发展融合的主攻方向是占领智能制造这一战略高地。在重庆地区，应鼓励企业建立智能生产体系，将数字化生产设备联网，提升制造过程的信息化水平，并且促进企业向信息化技术综合集成阶段发展。完善制造业企业的商务数字化模式，促成电子商务合作，积极使用云计算、物联网技术，加快生产方向的智能化发展。加快“互联网+”模式向制造业渗透，关键是传统行业发展理念的转变，通过借助互联网思维进行创新，来转变思维方式，发展传统制造业；通过互联网平台使生产更具有参与度和便捷性，使企业业务在技术、产品，服务上更具有创新性；通过“互联网+”进入制造业的全方位创新发展，使制造业重铸自身竞争实力。

(四)培养组建专业人才队伍

制造业“互联网+”发展模式的实现必须有具体的专业人才配套。建立强大的专业人才储备，创建分析平台和算法的数据科学家，以及软件和网络安全专家。这些富有专业技能的人员将有助于确保创新再次创造更多就业机会并提高生产力。专业人才培养组建，从企业层面来说，要强化企业主要负责人推进信息化的领导责任意识，在大中型企业全面普及企业首席信息官(CIO)制度，制定企业首席信息官制度构建指南，鼓励成立企业首席信息官协会，开展首席信息官职业培训。从上游教育层面来说，高校要积极参与专项行动，提供战略研究和技术咨询。鼓励建设知识共享平台，开设两化融合网络公开课程。结合国家专业技术人才知识更新工程，联合企业共建实训基地，开展实用人才培训。在人才平台方面，通过建立庞大的人才库，包括新型交叉人才，引进分析平台与算法的数据专家及软件与网络安全专家。通过培养和组建专业人才队伍，保障制造业的驱动力。